U0106183

好爸媽
和孩子讀好書

嚴吳嬋霞 著

新雅文化事業有限公司
www.sunya.com.hk

自序

親子閱讀三十年

　　一九八五年五月，「香港第一屆親子閱讀運動」由香港閱讀學會、香港小童群益會和香港明愛聯合舉辦。我被邀請出席演講鼓勵子女閱讀的策略，講題是「親子閱讀十大妙策」。沒想到引起社會大眾很大的迴響，一時間，演講邀請函如雪片飛來，應接不暇。從此以後，每個周末，我像赤腳醫生一樣上山下鄉，從港島半山區到新界屯門，在幼稚園和小學向家長和老師播送親子閱讀的種子。

　　屈指算來，從一九八五年至今二〇一六年，已經三十一年了，香港親子閱讀的第一代兒童，今天有不少已經為人父母，正在對子女進行親子閱讀，並且樂在其中。但是，最使我欣喜的是，那些在年輕時錯過了為孩子結書緣的祖父母，他們竟然成為我的新粉絲，興致勃

勃地鑽研親子閱讀，為的是要更好地「湊孫」。這支新興的親子閱讀生力軍，在默默地為香港親子閱讀注入新力量，是值得我們給予肯定和支援的。

三十一年了，親子閱讀對於長大成人的子女可曾發揮應有的作用？前些日子，我仰視着昂藏七呎任職跨國企業主管的兒子提出這個疑問。小健深情地對我說：「媽媽，感謝您從小和我一起看書，教會我閱讀。我現在做什麼事情都會信心十足，因為我知道無論碰到什麼人和事的困難，總有一本書幫到我！」

啊！我兒的話是多麼的堅定有力。我領悟到原來在我們母子享受讀書樂的時候，他已掌握了一把打開知識寶庫和人生經驗的金鑰匙。我這做媽媽的就放心地放手，讓他勇往直前走他的人生路吧。

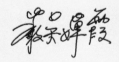

目錄

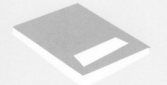

二十一世紀的
親子閱讀

親子閱讀的模式需要與時並進，
家長要了解新時代的教育趨勢，
將親子閱讀與兒童教育給合起來。

二十一世紀的教育新趨勢

閱讀是一切學習的基礎，而父母是子女的第一位老師，因此親子閱讀與兒童教育結合在一起是順理成章的事情。二十世紀的兒童教育着重於培養 3R 的能力，即是讀、寫、算能力的提高，踏入了二十一世紀的今天，隨着資訊科技的急速發展，教育的趨勢已從 3R 轉變為 4C，即是創造力（Creativity）、批判性思考（Critical thinking）、協作能力（Collaboration）及溝通能力（Communication）。透過適當的親子閱讀活動，父母是有能力幫助子女從小建立這 4C 能力的。

1. **創造力**——二十一世紀是一個創新的時代，創造力是我們必須具備的其中一個核心能力。創造力來自好奇心與想像力，二至五歲是培養兒童創造力的關鍵時期。父母和子女閱讀大量的圖畫書，讓他們自由探索故事的內容，啟發他們的想像力，引起他們對各種事物的好奇和興趣。同時提供繪畫和書寫用的紙和筆在伸手可及的地方，讓他們隨時可以發揮創意，切勿過早讓熒幕及按鈕奪去子女創作的機會。

2. **批判性思考**——父母應從小把子女訓練成為小小思想家，發展他們的邏輯思維和推論能力，懂得把資料進行比較、分析、組合、假設和批評。在互聯網資訊泛濫的今天，兒童已不需要死記硬背大量死

知識，而是必須具備批判性思考的能力，善用資訊科技解決問題。我們可從幼稚園開始培訓兒童的思考能力，就從問問題入手吧。

　　我們多問一些「為什麼」和「怎麼樣」的問題，避免問那些「是」或「否」的問題。我們也可以用問題來回答問題，藉以刺激兒童思考。父母應該鼓勵兒童多發問，不必太着意答案的對與錯。

3. **協作能力**——是指容易適應新環境，能與他人融洽相處及一起共事。二十一世紀的兒童生活在多元化的社會裏，接觸到多元文化的族羣。如果父母讓兒童從小閱讀不同類別的圖書，從中認識世界不同的國家和民族的文化差異，並且懂得欣賞和尊重，兒童日後便會容易適應及立足於日趨國際化的社會。

4. **溝通能力**——語言是最重要的有效溝通工具，父母從子女零歲開始進行親子閱讀，培養孩子聽、說、讀、寫的語言能力，是父母送給子女終身受用的禮物，也是不可推卸的責任。我們不要輕視每晚 15 至 20 分鐘的親子閱讀時間，那日積月累得來的每一分鐘都不會白費。等到孩子小學畢業時，他們駕馭語文的能力就像魚兒得水一樣的得心應手了。

盡早替孩子
結書緣

一個書香之家，
給予孩子智力的挑戰，
求知解惑的機會；
開發孩子的內在潛能，
拓展美麗的心靈。

讀書給子女聽的父母

　　孩子會天生愛上閱讀嗎？會！但是，只有極少數的兒童會自己愛上閱讀。大多數的兒童都需要有大人的幫助，通常是父母在他們很小的時候，給他們指示閱讀的途徑，引領他們進入文字的奇妙世界。

　　美國詩人施特里格蘭・吉利倫（Strickland Gillilan）曾經寫過一首小詩，歌頌讀書給子女聽的母親。可見不少的父母，都像你和我一樣，要儘早替孩子結書緣。

閱讀的母親（*The Reading Mother*）
你也許擁有
多不勝數的財富：
　　一箱箱的珠寶，
　　一籠籠的金銀。
可是你永遠比不上我富有——
因為我擁有給我讀書的母親！

　　我沒有給我的子女多少金銀珠寶，他們不是富有的孩子。可是他們是精神上富足的孩子嗎？如果我天天讀書給我的子女

聽，而他們不覺得愉快和懂得欣賞的話，我這閱讀的母親是會羞愧得無地自容的。

我的兒子從小是個小書迷，不論中英文書、漫畫、雜誌、薄薄的袋裝書、厚厚的大部頭，他照看不誤。這個從零歲開始閱讀的孩子，不知他是否記得小時候我們母子倆一起讀書的快樂時光？

他十四歲的那一年，有一次，我故意漫不經心地問他：「小健，你可還記得小時候和媽媽一起做過的一些事情？我都記不起來了。」

兒子不假思索便回答：「和媽媽一起讀唐詩！」

六歲的女兒不甘示弱，嬌憨地摟着我說：「我記得媽媽和我一起讀《小黑捉迷藏》（台灣信誼出版公司）！」

兒子三歲時，我教他念「牀前明月光」，女兒剛會坐，我便和她一起看圖畫書《小黑捉迷藏》。我很驚訝他們居然沒有忘記，而且印象深刻。我原只期望他們說「和媽媽一起讀書」，便很欣慰了。

你看，孩子就是這樣的天真可愛。小時候栽什麼花，長大了就會結什麼果，他們不會辜負你花在他們身上的時間和精神的。我是一個從小便愛閱讀的母親，閱讀給我帶來無窮的樂趣和豐富的知識，使我終身受用，因此我選擇了和子女一起閱讀，儘早替他們結書緣，使他們也成為終身閱讀的愛書人，這是我作為母親所能夠給他們的最寶貴禮物。

書香之家

沒有書的家，
就像
沒有窗的房子。

這是美國教育家霍力斯‧曼（Horace Mann）的名句。多麼發人深省的一句話！想想有多少孩子是生活在沒有窗子的家裏？

一次，我在國內參觀一所幼兒園，給一羣可愛熱情的小朋友包圍着，其中一個四歲小男孩特別吸引我。我把他摟進懷裏問他：「你喜歡在家裏還是上幼兒園呢？」

小男孩想也不想便回答：「幼兒園！」

「為什麼喜歡上幼兒園呢？你不想家嗎？爸爸媽媽可想念你呢！」

小男孩轉動一下他那雙精靈閃亮的烏黑眼睛，大聲地、理所當然地說：「幼兒園裏有圖書看，家裏沒有文化！」

我呆住了。一個四歲的孩子居然懂得批評家裏沒有文化，一個沒有書的家留不住一個四歲的小孩子！我們做父母的，可要深思啊！

帶孩子去書展，讓孩子儘早結書緣。

我到過很多朋友的家裏，看到名貴的中國地氈、法國家具、意大利吊燈……看來看去，就是找不到一兩本像樣的書。小孩子的房間有特製的兒童家具、名牌衣物、名廠玩具、趨時電玩，可是就偏偏沒有兒童圖書。這樣的家，是沒有文化的家，也是一間沒有窗的悶氣的房子。

我本身是個兒童文學工作者，丈夫專業是有關博物館收藏，買書典藏是他的業餘嗜好，我們兩個孩子各有兒童圖書數百冊。兒子漸長，早已把他稚齡的兒童書傳給妹妹。不知從什麼時候開始，我和丈夫在書架上失蹤的書，都會在兒子的書架上出現。

　　朋友笑我們的孩子是從我懷孕那天便開始閱讀的，這一點倒也沒誇大。我懷孕初期不食不動，只賴在牀上看書！小兒女從呱呱墮地那天就給書本圍着，給書香薰陶着，他們是在一個很自然的環境中和書結緣的。

　　所謂耳濡目染，環境對個人的影響是不容忽視的。我是一個沒有音樂細胞的人，可是當我置身音樂之都維也納時，在那濃郁的音樂氣氛感染下，竟也不自覺地哼起華爾滋大王史特勞斯的「藍色多瑙河」。整個維也納，空氣中盪漾着音樂，觸目所及，都是能唱、能彈、能奏的音樂家，到處是音樂廳、歌劇院和作曲家的出生地。試想，維也納的小孩從小在一個這樣的音樂環境中長大，他們能不懂音樂、欣賞音樂和會彈奏一兩種樂器嗎？

　　同樣的道理，一個書香之家，給予孩子智力的挑戰，求知解惑的機會；開發孩子內在的潛能，拓展美麗的心靈。在書香之家長大的孩子，能不成為博學多識，胸懷廣闊，精神富足的快樂讀書人嗎？

親子閱讀的十大好處

1. 早期閱讀

儘快使孩子喜愛閱讀，一旦孩子愛上閱讀便欲罷不能，他們會不停地閱讀，越讀越多，越讀越好。

2. 增強語言能力

喜愛閱讀的孩子的語言能力特強，在聽、說、讀、寫方面較不愛閱讀的孩子高，孩子從書中領悟複雜的意念，欣賞語言的美妙。

3. 增加知識

閱讀使孩子涉獵多方面的知識：文學、歷史、地理、科學、政治等，增廣見聞，對學習大有裨益。

4. 提升寫作能力

喜歡閱讀的中小學生掌握了語言文字的能力，往往超越同級同學，不必背誦、強記課文而能取得好成績，在校外考試也能取得佳積，因為閱讀提升了寫作的能力。

5. 擴闊人生經驗

有良好閱讀技能的孩子往往能經得起人生的考驗，懂得應

付危機和挫折，情緒上較為平穩和愉快。

6. 偉大理想

愛閱讀的孩子視野遠大，心胸廣闊，因為他們在書中古往今來的生活實例中獲得豐富的體驗和啟悟，因此能從多角度看待問題，學好做人。

7. 人格熏陶

愛閱讀的孩子有悲天憫人的仁愛心，能為他人着想，同情別人的不幸遭遇。家庭、學校和社會上的人際關係，都可從書中學習。

8. 無限創意

書中世界廣闊無限，充滿想像、好奇與機遇。不論現實世界如何狹隘枯燥，但愛閱讀的孩子理想遠大，夢想無窮，給他們帶來無限的創意。

9. 獨立思考

閱讀可培養批判性的思考能力，書中複雜的論證及情節，孩子都能邊讀邊吸收，邊分析邊理解，閱讀讓孩子具有獨立思考的能力。

10. 自得其樂

閱讀是人生的最大快樂之一，一書在手，樂以忘憂，只有愛閱讀的孩子才可自得其樂。

兒童圖書的功能

閱讀有兩大原因：
「求知」和「取樂」，
孩子有的是時間和多餘的精力，
所以他們看書是先「取樂」，
後「求知」。

為什麼要孩子閱讀？

　　閱讀習慣並非天生的，而是後天培養的。父母是孩子最早接觸的成人，重視閱讀、常常閱讀的父母，最能影響子女養成閱讀的習慣。在孩子未入學以前，家庭是教育孩子的主要場所，在一個書香的環境中成長的孩子，很自然地便會喜歡讀書。

　　在不同的演講場合，我問在座的父母：「為什麼要子女閱讀？究竟閱讀對我們的孩子有什麼好處？」

　　大部分家長都給我這樣的回答：「孩子多看書，在學校才有好成績！」

　　我也有這個想法，這個想法是對的，但這不應該是要孩子閱讀的唯一原因。

　　美國學者多羅利絲・杜爾金（Dolores Durkin）長期從事兒童閱讀的研究。她認為早期閱讀對兒童不但沒有害，而且有實際益處，因為比起沒有閱讀經驗的兒童，他們在校的閱讀成績較為出色。

　　如果父母培養子女閱讀，只是為了在校成績高人一等，這不但是很偏狹的閱讀觀念，而且也太低估了閱讀的重要價值。

　　試想想，作為父母的我們，每天也從事或多或少的閱讀活動，是否就只為達到一個目的呢？

格雷（William S. Gray）和羅傑士（Bernice Rogers）在他們合著的書《閱讀成熟期》（*Maturity in Reading*）裏指出，我們運用自小養成的閱讀習慣，其實是基於人類的實際生活需要。他們很仔細地把這些閱讀的原因羅列出來，請你在需要的項目旁邊的方格打個「✔」，看看自己可有為了下列的原因而閱讀：

☐　1. 日常生活上的需要
☐　2. 提高業餘興趣
☐　3. 了解時事新聞
☐　4. 個人滿足感或價值觀
☐　5. 消磨時間
☐　6. 職業上的需要
☐　7. 個人社交上的需要
☐　8. 為了做良好公民的需要
☐　9. 自我發展，擴闊文化的經驗及自我教育
☐　10. 滿足智力上的需求

　　由此可見，閱讀是現代人不可或缺的生活技能和實際需要，我們每天都要和文字打交道。

　　我把格雷和羅傑士的閱讀原因概括為「求知」和「取樂」兩大原因。我嘗試把自己一天的生活作一次閱讀活動的檢查，發覺許多時是為了「求知」和「取樂」而閱讀。

　　成年人閱讀，基於生活上的需要，不得不先「求知」，有餘力和餘暇才「取樂」。可是孩子有的是時間和多餘的精力，

他們看書是先「取樂」，後「求知」，偏偏我們做父母的卻常常忽略了他們的心理需要，強要他們先「求知」，後「取樂」！

為了達到「求知」的目的，我們何不先讓孩子「取樂」呢？當他們看書時樂在其中，便自然會吸收書中的知識，達到教育的目的了。兒童書是兼備教育性與娛樂性的功能的。

> ● 父母培養子女閱讀，如果先選擇娛樂性較強的書，一定能收事半功倍之效。

兒童書的娛樂功能

　　今天的兒童生活在高度科技化的社會裏，各種電子媒介使兒童中蠱地着迷，他們的餘暇大部分花在看電視、玩電子遊戲和電腦上，可是仍然有些兒童選擇書本作為他們最大的娛樂享受。這些幸運的兒童一定有早期閱讀的經驗，有父母給他們講故事，和他們一起閱讀，使他們很早便領略到書中有一個更具吸引力的美妙奇幻世界。

　　兒童天性快樂活潑，他們喜歡笑。因此，幽默詼諧、風趣機智、突梯滑稽的作品，最受兒童歡迎。古今中外的兒童都有這共同的特性和喜好。

　　吳承恩的《西遊記》本來是寫給成人看的，但因為內容情節甚富想像力，充滿童話的色彩，加上孫悟空和豬八戒這兩個特別的角色，給故事加添了神奇的力量，改編為兒童讀物，便極盡娛樂小讀者的能事。翻譯成外國文字的美猴王，亦同樣贏得外國小朋友的歡心。我的兒子兩歲時便愛上孫悟空，擁有不同版本的兒童《西遊記》。他拔一根頭髮希望變出一個孫悟空來，還叫叉燒包做「白骨精包」呢！

《四大名著‧漢語拼音版‧西遊記》（新雅）

　　兒童暢銷書的作者都是以娛樂小讀者為主要的寫作目的，其中最有名的是英國的羅爾德‧達爾（Roald Dahl）和美國的蘇斯博士（Dr. Seuss）。

　　達爾認為兒童閱讀只為尋找樂趣。一本充滿刺激、節奏明快和富有奇想的書，才能使兒童愛不釋手。他那本最受小朋友歡迎的《查理與巧克力工廠》（*Charlie and the Chocolate Factory*）自從一九六四年出版以來，一直風行歐、美。英國書評家內奧米‧劉易斯（Naomi Lewis）稱讚它「極盡娛樂的能事……使人眼花繚亂，完全充滿歡樂……緊張、魔法、動人的情節，吸引人的細節和觸目驚心的圖畫……」達爾其他出色的童話有《魔指》（*The Magic Finger*）、《詹姆斯和巨桃》（*James & the Giant Peach*）和《友善的大巨人》（*The Big Friendly Giant*）等，都是很討兒童喜歡，極富娛樂性的作品，一點也沒有低級趣味和爭議性的道德教訓。

　　達爾於一九九○年十一月逝世，他受小朋友歡迎的程度，只有永葆童心的蘇斯博士才可比擬。蘇斯博士最初是為成人寫作，一九三七年才開始創作第一本兒童讀物。從此一鳴驚人，在兒童文學界屹立不倒，直到一九九一年，以八十七歲的高齡逝世。他最有名的《戴帽的貓》（*The Cat in the Hat*）首次嘗試把閱讀和學習變為樂事。他能寫能畫，他的書大都以動物做主角，每一隻動物都給予獨特的個性。他的故事荒謬怪誕，加上獨創一格的遊戲式文字，把小讀者逗得開懷大笑。

　　其實蘇斯博士的每一本書都有一個很嚴肅的主題，只是他很巧妙地把教訓隱藏在有趣的故事情節裏，才不會嚇走小讀

者。我女兒六歲時看完了《巴塞樂妙的五百頂帽子》）（The 500 Hats of Bartholomew Cubbins）和《踩高蹺的國王》（The King's Stilfs）後，便嚷着要我把圖書館裏所有蘇斯博士的書借回家。為什麼？因為太好玩，太好笑了！

作為一個兒童書的作者，我常引以為誡，不能板起臉孔向兒童説教，只能和他們一起笑，讓他們在笑中領略書中的含義，絕對不能加上教訓的尾巴。我寫的《大雨嘩啦啦》（新雅）是完全從兒童的觀點看待事物，因此小讀者能夠認同書中的主人翁嘩啦啦，和她一起淘氣，一起玩樂。嘩啦啦是雷神的女兒，卻有平常小孩的陋習——不愛乾淨。故事的喜劇性效果在於她終於肯洗臉了，可是她洗臉的方法卻跟平常的小孩不一樣：

嘩啦啦順手拉下天空一塊白雲往臉上擦一下，白雲立即變了黑抹布。「咦，真的很髒呢！」嘩啦啦把每塊白雲都在臉上擦一下，於是滿天的白雲都變了黑雲。

《大雨嘩啦啦》（新雅）

嘩啦啦順手拉下
天空一塊白雲，
往臉上擦一下，
白雲立即變了
黑抹布。
「咦，真的
很髒呢！」
嘩啦啦把每塊
白雲都在臉上
擦一下，
於是滿天的白雲
都變了黑雲。

我每次給圍着我的小朋友講這故事時，都請他們跟着嘩啦啦一起洗臉，伸手向空中拉下一片白雲，往自己臉上一擦，然後看看手上的白雲，是不是變了黑雲。小朋友幻想力很強，他們都化身做嘩啦啦，看着空空的手，驚奇地說：「咦，真的很髒呢！」

《大雨嘩啦啦》的結局是這樣的：「可是，從此以後，嘩啦啦是不是每天都洗臉呢？那就不知道了。只知道每隔一段時間，天上就會嘩啦啦的下一場雨！」孩子是有幽默感的，他們自會發出會心的微笑。

俄國大文豪高爾基認為兒童文學是「快樂的文學」。兒童書應具有娛樂兒童的功能，滿足兒童心理上的需要，使兒童在閱讀過程中感到快樂，從而陶冶他們的心性。

> • 兒童書的娛樂功能應當建立在健康的內容、奇巧的構思、緊湊的情節和幽默的語言上。低級的趣味、粗鄙的噱頭和庸俗的笑料，兒童是不會接受的。

兒童書的教育功能

　　市場調查顯示，家長為子女購書時偏向選擇對兒童「有用」或「有利」的兒童讀物，最受家長歡迎的是語文學習、參考工具書，其次為家庭與學校的故事、科學知識、歷史傳記、藝能和科學故事。家長最不喜歡為子女購買謎語、小說、神話及民間故事、童話和遊記。

　　一般重視子女教育的家長，在為子女選書時，都會偏重閱讀的教育功能，而捨棄閱讀的娛樂功能。那就是說，父母要求子女「求知」重於「取樂」。

　　我在前一節特別強調兒童書的娛樂功能，就是希望家長明白透過快樂的閱讀過程，兒童更容易受教，簡單來說，就是寓教育於娛樂。兒童書的教育功能可分為語文功能、認知功能和感性功能。現在分述如後。

（一）語文功能

　　語文教育的主要目標是培養兒童的閱讀能力和表達能力。一般的教科書編製較為嚴肅乏味，內容也有限。因此只有借助課外讀物來培養兒童的閱讀興趣，才能彌補教科書的不足之處。兒童多看各種不同類別的課外讀物，加上教師的閱讀指導，自

然會提高語言的運用和寫作技巧。大量的課外閱讀能幫助兒童認識多些字彙和詞彙，熟悉文字的正確用法，培養他們正確地思考，正確地用説話或文字表達他們的思想和感情。

各類兒童書均具有語文的功能，家長切勿以為只有閱讀語文類和文學類的讀物，才可提高子女的語文能力。須知純知識性的讀物，亦能或多或少地傳達語文的功能。

（二）認知功能

兒童有強烈的求知慾，對各種事物和現象都會產生濃厚的興趣。

兒童讀物具有認知的功能。認知的功能就是兒童透過閱讀，增長各類知識。知識的範圍很廣，不但包括純粹的科學知識、自然知識、史地知識、社會知識，還涉及人類的行為經驗，幫助兒童認識價值觀和解決問題的方法。

具認知功能的兒童書不一定是知識性讀物或參考工具書，因為知識性的內容可以用文學性的故事表達和包裝，加強可讀性和趣味性，使兒童不必枯燥地接受刻板的知識。其中最明顯的例子是人物傳記和科學文藝，既富文學性，又具知識性。因此，具認知功能的兒童書範圍很廣，也最難界定。

一本好的認知兒童書，能夠幫助兒童的智力發展，刺激兒童的想像力和創造力，引發兒童獨立思考，留心觀察周遭事物，懂得分析和解決問題。更重要的是擴闊兒童的生活經驗，不囿限於個人的狹小天地，引導兒童接觸社會、大自然、全人類，甚至不可測的宇宙和未來。

（三）感性功能

感性功能就是説閱讀使人有感情、有愛，是心靈的美化。這是閱讀的最寶貴功能，是教育的最高理想，是改變社會、推動人類進步的動力！

你可有因看過一本書、一段文字或一句話語，使你的生活有所改變？它使你更有人性，使你對人生、對世界有不同的看法，使你對天地萬物有愛心與同情！

中國兒童文學家任大霖十三歲時讀了冰心的《寄小讀者》和各國的童話，給他很大的啟發，激使他要做一個「善良、友愛、熱愛生活、尊敬自己的親人和朋友、熱愛美好的事物的人」，不要「成為粗暴、兇殘、毫無同情心和審美觀念的人」。

我九歲的時候讀了阿米契斯（Edmondo De Amicis）的《愛的教育》（*Heart*），那是一個意大利小學生的日記故事。全書描述師生、父子、朋友、國家與個人之間感人的愛，深深地打動了我童稚的心，使我立志長大了要當一位好教師。

書可以喚起人的內心感情，年紀很小的兒童也能受文字的感染，與書中人物產生感情上的共鳴。我的兒子三四歲時頭一次聽安徒生的童話《醜小鴨》，便很同情主人翁的可憐遭遇，等到醜小鴨變了美麗高貴的天鵝，他才破涕為笑。他同時也能明白母愛的偉大，再醜的孩子母親也不嫌其醜，因此他對鴨媽媽留下一個深刻的印象。

今天的兒童在學校學到的大部分是各種學科知識，我們可以稱之為「腦袋教育」。可是我們的兒童，今天比任何一個時代更需要「心靈的教育」。

　　我們多讓兒童接觸優美的文字，包括文學及非文學作品，激發他們善良的本性，從小懂得同情別人的不幸，也為別人的快樂而歡欣，感受別人的遭遇，一如親身經歷。

　　有遠見的父母和孩子一起閱讀，使他們及早養成閱讀的習慣，不單為了冀望他們成龍，出人頭地，而是因為他們是廿一世紀的主人，他們將超越我們這一代，建設一個更美好的將來。他們從閱讀中找到樂趣，便會透過閱讀，透過文字的力量，發展成為身心健全、有豐富的知識、有美好的生活理想的快樂人。

兒童成長及其
閱讀需要

閱讀必須帶給孩子快樂，
他們才會繼續閱讀下去，
這是父母不能掉以輕心的。

在適當的時間給孩子選擇適合的書

　　兒童在不同的年齡和發展階段需要各種不同的書籍伴着他們成長。父母為子女選書時，就得認真注意。

　　父母選書的方法決定了子女日後成為一個怎樣的讀者。圖書館員為兒童選書時常常採用一個重要的原則——在適當的時間給孩子選擇適合的書。至於如何把時間、書本和孩子三方面配合得恰到好處，實在是一門大學問。

　　父母是認識自己子女最清楚的人，只要平時留意子女的成長，花點時間認識各種兒童書，每天陪孩子一起閱讀，假以時日，也許會成為兒童閱讀專家呢！我是等到有了自己的孩子，每天和他們一起讀書，透過實踐的機會，那些在大學啃來的教育理論、兒童文學理論和兒童圖書館理論才變得有意義。

　　每個兒童都是一個獨特的個體，他們有不同的心理特徵和發展速率。

　　不論兒童在什麼時候開始學習閱讀，他們必要經過同樣的閱讀發展階段。在每一個生長期進行的閱讀活動都必須富有娛樂性，只有當閱讀能帶給孩子快樂時，他們才會繼續閱讀下去，

這是父母不能掉以輕心的。

　　現在把兒童書和兒童成長的關係分期敍述如下：零至四歲、
五至七歲、八至十歲、十一至十四歲四個階段。

> ● 無論在哪個年齡段，閱讀活動都必須富有娛
> 樂性，讓兒童在毫無壓力下快樂地閱讀。

零歲至四歲的閱讀需要

　　父母是子女的第一位老師。據研究顯示，孩子出生後的頭三年是學習的重要階段，因此父母在孩子的早期教育上扮演着一個非常重要的角色。

　　美國密蘇里州在 1981 年成立了一個「父母是良師」的志願計劃，簡稱 PAT（Parents as Teachers），目的就是鼓勵父母參與子女的教育任務。結果發現那些與父母一起早期學習的孩子無論在智力、語言發展和社交技能方面都較沒有父母當良師的孩子優勝。

　　語言是學習的重要工具。且看幼兒怎樣學習運用語言——他們首先留心聽，然後自己學習發音，企圖表達感情和不同的需要。換句話說，嬰兒需要與他人溝通，尤其是照顧他們的父母。語言的學習，又與人際關係的建立有很密切的關係。人與人的親密關係建立在相互的感情上，如果嬰兒每次嘗試和父母溝通，都獲得溫暖、親切、幽默、有趣的回應，嬰兒的語言發展便會加速。因此父母要在子女的嬰兒期和他們玩「語言遊戲」，藉此促進他們的語言發展。

　　一般父母在餵嬰兒吃奶或哄他們睡覺時，都會抱着他們，把他們搖來搖去，跟他們說話，唱兒歌或是搖籃曲給他們聽，

甚至和他們玩簡單的手指腳趾遊戲。這樣的父母,已經在進行着語言的教育工作了。

蘭茜‧拉里克博士(Dr. Nancy Narrick)是美國一位兒童閱讀專家,她為父母編寫的一本《給父母的兒童閱讀指南》(*Parent's Guide to Children's Reading*)被美國父母奉為圭臬。她特別重視父母早期與嬰兒的接觸和溝通。

> ● 父母和嬰兒玩「語言遊戲」,會促進他們的語言發展。

嬰兒的語言訓練

父母與嬰兒的早期接觸和溝通是不容忽視的。很少父母認識到嬰兒出生後頭幾個月的語言經驗對他(她)日後入學的講話、聆聽、閱讀和寫作技巧是有多麼深遠的影響!

我必須在此強調父母給嬰兒唱催眠曲和唸兒歌的重要性,尤其是給予孩子的安全感和溫馨感是日後難以獲得的。

我初為人母時,四處尋找中國兒歌來唸給兒子聽。可惜怎樣也尋不到一本中國《鵝媽媽》,我只好把小時候媽媽唸給我和弟妹們聽的兒歌從腦海裏翻出來。我記得有《噯姑乖》、《點蟲蟲》、《月光光》、《落大雨》、《排排坐》、《麻雀仔》、《搖

搖搖》等廣東兒歌。這些音節鏗鏘、韻律鮮明、世代相傳的民間兒歌，兒子都一一聽進耳朵裏，作出愉快的情緒反應，小嘴還呀呀有聲地在努力嘗試發聲呢！我把《點蟲蟲》、《搖搖搖》、《排排坐》幾首歌配上動作，和兒子一起玩唱，倒也其樂無窮！

嬰兒到了六、七個月，會坐了，父母把他抱在膝上，一起看圖畫書，指着簡單的圖畫認物。這時，父母可以把嬰兒的書和玩具放在一起，讓他覺得書是好玩的東西，對書本產生好感。嬰兒不但會看書，還會把書像玩具一樣的翻過來，轉過去，拉它、撕它、甚至舔它、吃它！這時候布料書便派上用場了。購買布料書時要選擇一些布料柔軟，不含毒素，並且可以洗濯的，才合符安全標準。

> ● 兒歌音節鏗鏘，韻律鮮明，是嬰兒的理想語言啟蒙導師。

認物硬卡書

另一種專為幼兒設計的書是硬卡書。這些書體積小，方便嬰兒的小手把玩，釘裝牢固，不易撕破。硬卡書的作用是給幼兒認物，例如家裏常見的器具用品、動物和人物等。

當幼兒在看圖畫書時，如果他發現熟悉的東西，便會興奮地指出來。如果那幅圖畫是他喜歡的小狗，他便會高興地指着圖畫告訴你：「狗狗，狗狗！」也許他的發音並不正確，但他已在學說話，嘗試和別人溝通了。

《寶寶全接觸・動物》（新雅）
套看圖認物的硬卡書，在書頁加入了不同質感的物料，讓幼兒感受不同的觸感。

父母和幼兒一起看圖畫時，最好不停地和他講話，給他多聽的機會。你可以指着圖畫說：「這是什麼動物？是狗，對不對？你看，這是一隻小黃狗，牠的毛是黃色的。旁邊還有一隻大狗呢！大狗是小狗的媽媽，對不對？」你一邊說話一邊拿着幼兒的小指頭分別指着小狗和大狗說：「這是小狗，這是大狗，這是狗寶寶，這是狗媽媽！」父母和幼兒重複這些說話和動作，同時搖晃着身體，幼兒給逗樂了，會格格地笑。有一點要注意的是，當父母和幼兒一起看圖認物時，要把正確的名稱說給幼兒聽。例如「狗」，便清楚地說「狗」，不能說「汪汪」，否則以後很難改正幼兒先入為主的錯誤觀念。發音也要正確，否則日後不易改正。

> • 硬卡書是幼兒最佳的早期讀物，透過線條簡單的圖畫，讓幼兒認識他周遭的環境。

一至二歲的幼兒

幼兒一歲以後可以用雙腳站起來走路，他的視野擴大了，他的活動範圍不再限於一個地方。他會爬樓梯、開門關門、拉開抽屜、攀倒桌上的東西，手拿着什麼東西都要放進口裏嘗一嘗。他精力旺盛，有時會變得像個小暴君，蠻橫無理，不合作，易發脾氣，還不時大吵大鬧。這是從嬰兒期過渡至兒童期的現象，就像兒童期過渡至青春期的少年，情緒一樣的不穩定。初學走路的幼兒的語言能力有限，在表達方面不能得心應手，因而有挫敗感，導致他們激烈和易變的情緒反應，而且喜歡説「不」和「我的」。

一至二歲的幼兒會安靜下來看書嗎？這就要看父母給他們看什麼書，使他們對書產生興趣了。父母不要期望一至二歲的幼兒能夠坐半個小時聽你講故事，他們最多只能靜下來十至十五分鐘。除了晚上的睡前故事時間，父母可以把看書時間和白天的活動結合起來。他們特別愛聽和他們自己有關的簡短故事，也喜歡一邊進行一樣活動，一邊聽別人講述這件活動的做法。因此，在和孩子穿衣服、洗澡、購物、坐車、玩雨水時，

可以找一些相關的兒歌和小故事配合起來，唱或講述給他們聽。

幼兒的閱讀是視覺閱讀，以看圖為主。為一至二歲的幼兒選書，必須選擇體積夠大的圖畫書，裏面的圖畫線條要簡單、清楚和有真實感。故事要簡短，不必有情節，但要合理和不違反邏輯。內容以幼兒熟悉的生活世界為主。這時期的書籍包括認物、人的名稱和簡單字彙等，例如把一天生活裏需用的器物繪畫出來，有點像看圖識字的性質，但目的不在教幼兒認字，而是幫助他們説話。圖畫佔很重要的地位，要選擇圖畫清楚、富幽默感和趣味性的書，才能捉住幼兒的注意力，吸引他們看。

另一種適合幼兒看的書是故事性較強，敍述一件熟悉的小事件，例如自己可以做的事情，如上街買東西、到海灘去、和家人一起做的家居活動等。

《幼兒禮貌故事叢書》（新雅）

喜歡接近動物是幼兒的天性，因此他們很喜歡有關動物的書本。向幼兒介紹動物書時，先從他們熟悉的家庭動物開始，漸擴展至農場、動物園，然後馬戲班裏的野獸。

> ● 一至兩歲的幼兒最多只能靜下來十至十五分鐘，線條簡單、清楚和有真實感的圖畫書才能抓住他們的注意力。

兩歲半至三歲的幼兒

這時期的幼兒興趣較為廣泛，他們駕馭語言的能力也較強，也較易明白別人的意思。這時期的幼兒，喜歡簡短有趣、有着重複句子的故事，例如《三隻小豬》和《小波的故事》便是。日常生活故事則喜歡慶祝生日、看醫生、迎接新弟妹、開學的第一天、買東西等。當然還有少不了的睡前故事。

《沒想到幼兒創意圖畫書‧下雨了嗎？》（新雅）

重複的句式，孩子容易記憶，容易認字，有助培養語感。

總括來說，父母為一至三歲幼兒選書要注意下面幾個要點：

1. 圖畫要清楚易「讀」，圖不能過於擠迫。
2. 故事要簡短有趣，能反映幼兒生活的真實世界。
3. 給幼兒自己翻閱的書要釘裝牢固，最好是不易撕破的布料書或硬卡書。
4. 提供多本雜誌任由幼兒自己翻看和把玩。
5. 選擇父母自己也百看不厭的幼兒書。

三、四歲的幼童

嬰兒出生後最初幾年長大得很快。三四歲幼童比起兩歲時不論體能或口語能力都有很大的進步。他們能用語言表達大部分的需要、意見和情緒變化，他們可以不需大人的幫助而能隨心所欲地跑、跳、轉、爬。雖然他們仍不算真正獨立，可是他們拒絕大人給予援手。我的女兒在這個年紀時便什麼都說：「我自己！我自己！」她要自己洗臉、穿衣服、繫鞋帶。她爬上攀架時不許我扶着她，她洗澡時也不要我幫忙。

我們不要小覷三、四歲的小人兒，他們倒是很有主見的。他們渴望獨立，希望勝過大人，拒絕服膺於大人的權威之下，甚至挑戰大人禁止他們做的事情。《大雨嘩啦啦》的小主角便有這種好強反叛的心理。我們應讓孩子宣泄一下情緒，然後引

導他們納入正軌。我的兒子四歲時，有次因我責罵他幾句，竟然鄭重其事地告訴我他要離家出走。我大吃一驚，隨即鎮定下來，告訴他媽媽和爸爸會很想念他，問他離家會到哪兒去。誰知他指着飯桌底説：「就在飯桌底下，肚子餓了可以吃桌上的麵包和餅乾！」這就説明無論他們怎樣冀求獨立，仍是需要溫暖的家，就像彼得兔兔經過一番驚險，仍得逃回家，因為家裏有媽媽的愛護。

三、四歲的孩子的生活圈子不再局限於家庭了。他們開始展開社交生活，喜歡結交朋友。使本來只是「我的」，轉變為「你的和我的」，學習與別人分享、妥協和讓步。這時候，他們喜歡聽有關交朋友的故事。他們也會怕黑，害怕樣子恐怖的動物，怕陌生人和不熟悉的環境。我們可以選擇一些針對這個題材的圖畫書和孩子一起閱讀，幫助他們克服恐懼。我有一位朋友的兒子害怕打雷和閃電，當他聽過《大雨嘩啦啦》的故事，知道嘩啦啦不肯洗臉，惹她爸爸雷神生氣，發出吼叫的聲音和揮動着電鞭子，他便不再害怕了。而且每次下雨，他都高高興興地説：「嘩啦啦在洗臉啦！」

• 三四歲的幼童渴望獨立，反叛心強，父母可借助有關幼兒心理的圖書，與孩子一起閱讀，引導他們克服這些問題。

這時期的孩子仍不大會分辨真與假、現實與幻想，因此不要給他們看一些可能使他們害怕的圖畫，也不適宜給他們講一些有描寫暴力的童話故事，但是情節簡單而重複的童話故事仍受歡迎，他們特別喜歡聽像《薑餅小人》（*The Gingerbread Boy*）一類的滑稽惹笑故事。

這時期的孩子還喜歡動物故事。他們認同彼得兔兔的行為，因為牠和普通小孩沒兩樣，一樣的頑皮，不聽話，還差點做了兔子餡餅。可是結局是牠安全地回到溫暖的家，有媽媽的悉心照顧。孩子很需要這種安全感，因此無論故事如何驚險，最終必須有一個完滿的結局。

三、四歲的孩子還有一個很鮮明的特點，那就是精力充沛，好奇心強烈，他們會一天到晚不停的提出很多問題。我的兒子三、四歲時突然對人體產生了莫大的興趣，打破沙鍋問到底地要我給他解說人體的每一個器官。當他把我問得啞口無言時，我唯有和他一起尋根究底。我給他買了人體掛圖和人體模型，又和他到圖書館借了一大堆有關人體的圖書（對兒子來說大部分是超齡書）回家一起細讀。我認為枯燥無味的，他卻聽得津津有味，直到今天，他仍記得我們母子上人體課的情景，他仍記得人體有多少塊骨頭，他不時會自己解剖蒼蠅、蜜蜂等小昆蟲。由此可見，適當利用圖書滿足孩子好奇心的重要性。因此父母不要忘記給孩子提供知識性的讀物。大自然的現象、動植物的生態都能引起孩子的好奇心。他們還喜歡認識從事不同職業的人和各種交通工具。

為了幫助孩子解決情緒上的問題，應付新事物，適應新環

境，一些處境故事便派上用場，例如兄弟姊妹間的妒忌與競爭、死亡的問題、看牙醫、結交新朋友、與長輩的關係等，都能幫助孩子積極面對生活，克服困難。

故事方面，他們喜歡荒誕的情節，誇張和重複的語言。雖然故事情節簡單易明，但必須充滿動作、懸疑與緊張，最後是大團圓結局。

為三、四歲孩子選書時，父母可以先問問自己以下問題：

1. 這本書適合我的孩子閱讀嗎？

2. 他會明白書中的主題嗎？

3. 這本書能滿足他的需要和適合他的興趣嗎？

4. 這本書能解答他的問題嗎？

5. 這本書會令他害怕嗎？

6. 書中文字算是優美嗎？

7. 插圖富有趣味嗎？能引起孩子閱讀的興趣嗎？

8. 我自己喜歡這本書嗎？我會再讀它嗎？

9. 我同意書中所含的教訓或傳達的信息嗎？

五歲至七歲的閱讀需要

　　五歲至七歲是奠定閱讀基礎的時期，父母應該每天和子女安排朗讀的時間。朗讀的目的是讓孩子愛上書本和喜歡閱讀，父母千萬不要太執着「教」他們認字和測驗他們能讀多少字。等到孩子聽了不少使他們發笑和感動的書時，他們自然會喜歡閱讀，而且會自動自覺地閱讀。

五歲的孩子

　　我女兒六歲時在美國就讀的學校推行一個家長可自由參與的「與子女一起閱讀」的讀書會，鼓勵父母每天為孩子朗讀最少十五至二十五分鐘。五歲至七歲（幼稚園至二年級）每天朗讀十五分鐘，八至十歲（三至五年級）每天朗讀二十五分鐘。我和女兒都參加了這個讀書會，每天讀一本圖畫書，往往超過十五分鐘。女兒把讀過的書紀錄在一張表格上，記下日期、作者和書名，還要我簽名作實。每讀完二十本書，把表格交回學校，女兒會得到一份鼓勵性的小禮物，還有一張寫明她已讀了多少本書的的書簽。女兒讀了六十本書時，校長請她吃雪糕。從九月中開課到三月中，半年下來，我們每天朗讀一本書，總共讀了一百八十本了，已經達到學校預定的目標。女兒十分興

奮，因為所有讀了一百八十本書的小朋友，都有資格參加於五月底舉行的游泳派對，這是十分光榮的事情呢。

　　短短六個月的時間，眼看女兒的閱讀能力大有進步，而且對閱讀越來越感興趣。剛開始時，完全由我一人朗讀給她聽，漸漸地，我讓她讀一點，有時我們輪流讀一段或一頁。到第三個月時，我讓她做領讀，由她分派一段或一頁給我讀，使她覺得很有成功感。到第六個月，完全由她一人朗讀給我聽，間中我提點一兩個字彙而已。學校的老師教他們每讀一頁豎起五隻手指，遇到不懂的字彙便收起一隻手指，如果一頁書要收起五隻手指，那本書便太深奧了，不適合他們的閱讀程度，便不要再讀下去，要另外選擇一本較淺的書來讀。

　　剛開始培養孩子的閱讀習慣時，父母千萬不能操之過急，或是望子成龍心切，使孩子感覺到像做額外的功課，或是應付另一種考試。只有在毫無壓力下，孩子才會愛上閱讀。

> ● 聰明的父母可以花點心思，把家庭朗讀活動化作一項和子女娛樂的遊戲。

　　我們知道幼兒「讀書」是把書翻過來覆過去的，有時從中間開始讀，甚至把書倒過來讀。可是孩子到了五歲時，我們便

要讓他知道書是從頭開始讀起的。英文書是從左至右看，橫排的中文書也像英文書一樣，從左至右看。直排的中文書，則要由上而下，從右至左看。和孩子一起讀書時，可把食指放在橫排的字下面，或直排的字旁邊，讓孩子看到你手指頭的移動，他便懂得用眼睛跟隨着每個字閱讀。等到他自己讀時，他便知道應該從哪裏開始，一個字一個字的讀下去。

看圖畫書的時候，不要把注意力過分集中在文字上，而忽略了插圖。父母和孩子一起欣賞圖畫，一起「讀」圖畫，引導和鼓勵孩子說出圖畫的內容，讓他們猜測故事情節的發展，讓他們代入書中人物的角色，說出主角的處境和感受。圖畫書並非只看一次便算讀完。一本好的圖畫書，孩子是百看不厭的。他們看完一遍又一遍，只因為他們喜歡重複熟悉的事物，並且已預知故事的發展和結局，這份安全感和成功感給他們帶來閱讀的喜悅。我兒子到十四歲時仍不能捨棄他小時候看過的圖畫書，他仍興致勃勃地和比他小六歲的妹妹一起看他心愛的圖書。

孩子的眼睛比我們大人敏銳得多，他們看圖畫書時能夠注意到很細微的小節，每次看同樣一幅圖畫，都能有新的發現，新的驚喜。兒子小時候看圖畫書看得很仔細，文字說鴨媽媽帶着八隻小鴨學游泳，他數來數去只有七隻！

《樂施先生的快樂事》（新雅）
找找看之類的圖書，既讓孩子享受閱讀的樂趣，同時訓練他們的觀察力。

父母給五歲的孩子選書和進行閱讀時，可參考下列各點：

1. 選擇不同種類的圖書，有想像性的故事，也要有知識性的讀物。重讀子女喜愛的舊書，也要引進新的書種。

2. 鼓勵孩子講述自創的故事，或者重述他們喜歡的故事。提供布偶、紙張和顏料，讓他們把口述經驗變為視覺經驗。

3. 給孩子介紹古典童話和民間故事，但內容不能太複雜，含義不能太深奧。

4. 帶孩子到公共圖書館借書回家看，買一些孩子特別喜歡的書給他們收藏，在家設立一個小圖書角，讓他們把心愛的圖書放在一起。

5. 引起孩子對文字的注意，但不能施加壓力，強迫他們認字。

《趣趣指偶說故事》系列（新雅）

在閱讀的同時，配合手指偶等小道具，更能吸引孩子的興

如果父母和孩子從零歲開始結書緣，到了五歲時，書已成為孩子生活的一部分。他已經明白閱讀是怎樣的一回事，他知道那些在圖畫旁的黑色符號是在述說一個有趣的故事，而每一個故事都有開頭、中間和結尾。他會喜孜孜地告訴你他認得的字，而且還會看圖講故事。

> • 父母每天和孩子一起朗讀十五分鐘圖書，不但能增進感情，而且能培養孩子對閱讀的興趣。

六、七歲的孩子

孩子到了六、七歲，已上小學了，這個時候，父母往往會把時間和精神放在孩子的功課上，而漸漸放棄了和孩子一起閱讀的活動。有些父母誤解了閱讀是學校老師的責任，他們可以放手不管。或者以為孩子上了小學便可以自己閱讀了，他們可以無需再給予援手。其實子女在每一個時期的閱讀，都需要父母從旁協助和指引。

六、七歲的孩子有能力欣賞較複雜的故事，可是他們認識的字彙仍有限，還不能完全獨自閱讀。因此，他們並不滿足只讀那些文字淺易，內容簡單的圖書，他們需要聆聽一些能擴闊他們語言能力的故事。這個時期，父母不要終止每天的朗讀活

動。相反地，更需要選擇一些文字較深奧，句子多變化，情節較複雜和篇幅較長的故事朗讀給孩子聽。只有這樣，才可以豐富孩子的字彙，加速他們的語言發展。

六、七歲的孩子仍會喜歡讀五歲時的書，正如五歲的孩子不會完全丟棄三、四歲時的書。不過，已經進入小學階段的孩子，他們雖然不能完全脫離家庭，卻比以前獨立得多了。他們比較依賴同學和同齡的小朋友，尤其重視友儕的接納和認同。可是交朋友和保持友誼往往不容易，他們自有一套好與壞，對或錯，平等或不平等的標準。因此，有關這類人際關係的生活故事，便很能引起他們的共鳴。對六、七歲的孩子來說，書不但是訓練閱讀技巧的工具，而且也是一道橋樑，引領他們明白他人的處境，讓他們感受和經歷他人的經驗。這類故事書可以使孩子不會過分自我，懂得易地而處，為他人設想。

父母給六、七歲的孩子選書時，不要忽略下列幾點：

1. 選擇情節和角色較複雜的不同類別的圖書。
2. 了解孩子自己的喜好和興趣，選擇一些能夠擴闊孩子興趣的圖書。
3. 提供大量易讀的書，讓孩子有信心地自己讀。
4. 選擇字彙較難、孩子不能自己閱讀的書，繼續每天朗讀給孩子聽。
5. 讓孩子參與選書，不論是到圖書館借閱或是到書店選購，孩子都應有選書權。

八歲至十歲的閱讀需要

　　孩子到了八至十歲的年紀，為他們選書時尤其要注意個別差異，因為他們的閱讀能力和興趣已有不同的發展。有些八歲的孩子已經是小書迷，可是有些對閱讀文字仍有困難。有些八歲的小讀者什麼都可以拿起來閱讀一番，甚至讀經典名著，可是有些仍只喜歡閱讀字體較大、內容較淺白的「易讀本」。無論小讀者的閱讀程度如何參差不齊，他們仍然喜歡大人為他們朗讀。

　　這個年紀的孩子參加了許多興趣活動，大大分減了他們的閱讀時間和興趣。他們喜歡體能活動和社交活動，騎自行車、打球、游泳、才藝班、同學和朋友間的交往都是他們重視的活動。電視和電腦更是一個生活上不可缺少的娛樂和社交媒介。

　　學校變成了孩子的重要生活場所。在學校裏，他們如魚得水，一切已習慣下來了，因而變得較以前獨立。他們懂得取悅父母和老師，嘗試達到他們的期望。他們尤其重視同學間的友誼。最顯著的一點是他們開始有性別的概念，以前的友誼可能是一個男孩和一個女孩的關係，現在則傾向全部男孩或是全部女孩，他們喜歡幾個人聚在一起，結伴成黨派或組織會社。

　　父母應該怎樣引導這個時期的孩子閱讀呢？對於那些仍然

喜歡閱讀「易讀書」的孩子，父母最好不要操之過急。有些孩子確實需要較多時間去鞏固他們剛學會的閱讀技能，待他們有了信心和成功感，他們便會越過這個停滯期，向前衝刺，接受新挑戰。揠苗助長，反而不妙呢。如果孩子只喜歡讀漫畫書，父母更要為他們提供大量容易讀的書。

也許有些父母會埋怨電視奪去孩了看書的時間和興趣，其實電視也有建設性的貢獻，就看我們懂不懂利用這個有效的媒介。父母應該和孩子一起選擇和觀看電視節目。我們不難發現有些節目是可以引起孩子對書本發生興趣的，例如改編自名著的劇集，便能誘使孩子去看原著或改寫本。許多紀錄片都是益智的教育節目，能增進孩子對科學、動植物、歷史、地理等知識。和孩子看完電視，應該和他們討論節目的內容，並且趁着他們興趣未減時，趕快帶他們到圖書館借相關的書回家看。

> ● 家長應選擇適當的電視節目來引發孩子對相關內容的書籍的興趣。

興趣廣泛的時期

也許父母會問：八歲至十歲的孩子究竟喜歡看些什麼書？這時期的孩子興趣廣泛，大多數喜歡看不同種類的書，很少數

只集中看一兩類的書。也許有些男孩只看知識性的書，有些女孩只愛童話類的書。但一般來說，這個時期的孩子喜歡看反映學校和家庭生活的故事，例如有關在學校給同學排擠或取笑的故事，如何取悅老師和同學，在家如何應付不諒解的父母或是家庭的危機等。透過故事，幫助他們解決生活上的問題和困擾。更重要的是讓他們知道父母和老師支持他們嘗試獨立，無論他們出了什麼亂子，總有大人伸出援手。在成長過程中，孩子遇到挫折，會覺得自己很笨拙，有時他們缺乏自信，會過分害羞，透過書中幽默的情節，使他們體會到主角和他們一樣也有缺點和優點，讓他們從笑中獲得自信，明白到世界上沒有人是完美無缺的。

《鬥嘴一班》系列（新雅）
《新雅兒童成長故事集》系列（新雅）
專為七至十歲孩子而策劃的校園和家庭生活故事。

孩子到了十歲，是一個能夠自我接納的年齡。一般來說，他們的性格隨和，喜歡老師和同學。他們的閱讀能力較八九歲時高，喜歡自己選書，也開始留意作者是誰，會專門找同一個作者或某些作者的書來看，因此叢書或套裝書很得他們的歡心。不過有時候，他們會重看幼時看過的書，這並非倒退的現象，反而說明了一本好的兒童書會使孩子在不同的年齡一看再看，而且一樣津津有味。

> ● 八至十歲的孩子喜歡看有關學校和家庭生活的故事，透過這些故事，可幫助他們解決生活上遇到的問題。

除了學校和家庭生活的故事外，這時期的孩子開始對過去發生的事情產生濃厚的興趣。如果那些歷史書籍純粹是事件、日期、人名和地名的堆砌，孩子會覺得太抽象和枯燥無味。孩子們只有興趣知道某一個歷史時期的人（尤其是小孩）是怎樣生活的，他們的工作、娛樂、衣着、居所等，如果能夠具體地透過一個結構嚴謹的故事，有趣地反映出來。這樣，歷史對孩子們來說就有意義了。

另一類吸引八至十歲的孩子的故事是帶有懸疑的歷險故事，他們急不及待地要知道故事的下一步發展，還會很緊張地一頁一頁的把故事追看下去。孩子在追尋線索的當兒，也學習了閱讀細節，為將來更複雜的閱讀技能奠下了基礎。我兒子在

這個年齡便最愛看偵探故事，例如《福爾摩斯探案》、《包公案》等，此外近年流行的《老鼠記者》系列和《魔幻偵探所》系列也很受歡迎，其幽默惹笑、驚險刺激的故事內容十分吸引孩子。這類書娛樂性極高，平常不大愛看書的孩子也會看得手不釋卷。

《老鼠記者》系列（新雅）

《魔幻偵探所》系列（新雅）

　　想像性的故事如童話、民間故事等仍深受歡迎。像《長襪子皮皮》（*Pippi Longstocking*）和《夏洛的網》（*Charlotte's Web*）這樣的現代童話，便贏得全世界小朋友的歡心。皮皮的頑皮、獨立、不受大人駕馭，使小朋友的夢幻成真。蜘蛛夏洛和小豬韋伯所建立的崇高友誼，使小讀者感動和嚮往。這兩本現代童話名著同樣充滿幽默與機智，把現實和幻想結合得天衣無縫。

　　民間故事和神仙故事是提供想像和冒險的另一途徑。八至十歲的孩子已很能夠分辨現實與想像的世界，他們無懼於書中的女巫、妖魔、鬼怪、巨龍，他們從中得到緊張的興奮。這些想像的故事把兒童從日常生活的框框中釋放出來，使受抑制的

情緒得以盡情發洩。書中的英雄人物克服各種危險與驚恐，最後戰勝敵人與邪惡，小讀者與他們一起披荊斬棘，獲得勝利，彷彿在現實世界中，他們也可以控制自己的命運。這份取代式的勝利喜悅，使孩子得到不可言喻的滿足感。

除了想像性的故事，這時期的孩子對知識性讀物卻又特別喜好。他們要知道正確的事實與數據。那些真實得古怪的事實特別吸引他們，例如《健力士大全》之類的世界紀錄和世界之最一類書籍。有些孩子對神秘的現象產生興趣，例如 UFO、巫術、鬼魂等奇異的事件。另一方面他們又會很實事求是地探討身邊的事物，例如研究天上的星星、體育的知識或者是如何修理腳踏車。反正他們的興趣廣泛，是求知若渴的年紀。

> • 到了十歲的孩子閱讀範圍較廣，如歷史故事、懸疑故事、童話和民間故事等，都為他們喜愛。

有些十歲的孩子只看某一類沒有什麼文學價值的「垃圾書」，父母要審視內容，只要沒有不良意識，也不需禁止，因為這總比孩子完全不看書好。但是父母也得花點心思，慢慢引導孩子看一些品味較高的書。

總括來說，為八至十歲的孩子選書時父母可注意下列幾要點：

1. 選擇孩子愛看的書，而不是父母認為孩子該看的書。
2. 朗讀的故事必須情節和人物較為複雜。
3. 選擇你自己喜歡看的書，把這份喜悦傳遞給孩子。
4. 如果孩子喜歡某個作者，不妨鼓勵他閱讀這位作者的全部作品。
5. 選擇不同種類的書。
6. 不要強迫孩子讀那些超過他的理解能力的書。

十一歲至十四歲的閱讀需要

　　孩子從十歲過渡至十一歲，是一個很明顯的轉變期。十一歲的孩子變得很情緒化，很容易發脾氣和與人爭吵。他們可能突然間不再像以前那樣用功了，父母可能發覺他們的精神不大集中在功課上。十歲至十二歲是秘密結黨期，他們只與很少數的幾個友儕往來，但有時會突然間建立不適當的新友誼。這個期間，隨着身體發育產生的變化，早熟的孩子開始對性產生好奇。他們喜歡帶有傳奇性的幻想小説和充滿新奇刺激的冒險故事。對一些十一二歲的孩子來説，書開始向他們展示了豐富和較深層次的意義，他們看書的時候會特別留意作者、寫作的風格、表達的內容和傳遞的信息。

　　懸疑和幻想故事雖然仍受歡迎，但為了開始面對成人社會的許多問題，他們必須探討人生的真相，因此特別喜歡那些以成人問題為主題的寫實小説。

　　有些孩子在青春期來臨前會突然停止閱讀，通常是暫時性的，這好像是他們反叛的一種方式。他們開始質疑父母加諸他們身上的價值觀。因為這時期的孩子，正在努力尋求一個更深的個人道德標準，反叛往往是探尋自我的表現。不論男孩或女孩，他們心裏會問：我是誰？我怎樣才能適應這個成人的世界？

他們努力尋求行為的準則,有時會覺得無所適從。

　　在追尋自我的過程中,孩子特別需要書本給他們提供寶貴的經驗作為借鑑,在混亂中理出一個頭緒來,才不致迷惑徬徨。書不但給孩子提供文學經驗,而且大大豐富了他們的生活經驗,使他們從中領略和體會人生的價值與意義。山邊出版社的《YA》系列、《飛躍青春系列》等便是一些很好的例子。

《YA》系列(山邊)　　　　　《飛躍青春系列》(山邊)

　　• 十一至十四歲的孩子很情緒化,對成人世界的事物感到好奇,所以特別需要書本提供寶貴的經驗。

閱讀與嗜好結合

如果孩子到了十一、二歲，仍然沒有發現閱讀的樂趣，硬是不肯看書，怎麼辦呢？根據圖書館員和教師的經驗，對症下藥的良方就是投其所好。你的孩子總有特別的嗜好吧！如果他喜歡集郵，那還不易辦嗎？帶他到圖書館去，帶他到書店去，林林總總的集郵書定會使他看得着迷。

我的兒子愛上集郵時，我還給他買了世界地圖，讓他自己找出郵票上每個國家的所在地。他專門收集太空郵票，不但自己到太空館去，還借了許多太空書籍回家看。如果你的孩子喜歡踢足球，他看過或聽過球王比利的故事嗎？你可以給他訂閱一份足球雜誌，指導他剪貼報紙上的足球消息。嚴肅的文學作品看得多了，有時我會看一本流行小說，那感覺便輕鬆得多了。

對不大願意看書的孩子來說，我們只能選擇那些讀起來毫不費勁，娛樂性較高的書給他們。有一點要記着的是，父母是沒有辦法強迫子女看書的。父母給他們推薦的書，他們不一定會看，可是同學或朋友介紹的書，他們說不定會找來看呢。父母可以留意一下同年齡的孩子正在流行看什麼書，便把這些書給孩子看。

孩子已經快上中學或者已就讀中學了，還需要維持每天的朗讀時間嗎？如果可能的話，最好仍然繼續。每一個時期的孩子都需要大人朗讀給他們聽。你可還記得中學上國文或英文課時，老師用帶有情感的聲音，抑揚頓挫地朗讀課文的情景嗎？同學們鴉雀無聲，聚精會神地聆聽。可見文字有多麼強大的感染力，它能叫四十個孩子安靜下來用心地聽呢！這個時期的孩

子，耳朵已能聽出文字的美感和風格，也能觸摸作者透過文字表達的含義。因此，朗讀完畢，父母能夠和孩子來一個簡短的討論，是最好不過的事。

這時期的孩子在追求自我之餘，特別喜歡知道其他人的生活狀況，真人真事的傳記或自傳正好滿足他們的需要。孩子從學校社會科、歷史科裏認識的人物，或是從電視、電影裏看過的人物，都會使他們對傳記產生閱讀的興趣。名人傳記裏面的人物一生多采多姿，甚至充滿傳奇，不但吸引孩子閱讀，而且具有勵志的作用。可惜寫給初中學生看的傳記，無論是政治、科學或藝術界的人物，往往寫得像流水帳般枯燥乏味，不夠生動有趣。

十一至十四歲的孩子正在探求人生的價值觀，因此賞罰與善惡分明的神話、傳説和民間故事正好滿足這個發展期的需要。各國民間故事和神話故事，尤其是希臘神話和聖經故事等，都適合這個年紀的孩子閱讀。

此外，科幻小説和超自然的故事也是這個時期受孩子歡迎的讀物，像外星人、星際旅行、時空的交錯、魔幻、巫術、靈魂等題材，都能刺激孩子的想像力。另一方面，他們仍然喜歡閱讀各種真實性的知識性讀物。可見幻想與現實並行不悖。

《世界之謎科幻小説系列》（新雅）

> ● 父母不必強迫孩子閱讀那些實用書籍，如果能配合孩子的嗜好而選擇書本，孩子便會欣然閱讀。

十一至十四歲是一個詩樣的年紀，這個時期的孩子敏感的心靈正好寫詩、讀詩。可惜我們往往忽略了培養孩子的詩情畫意，因此適合給他們看的詩集也奇少。父母只好從成人詩集中挑選適合的詩給孩子。不論古詩新詩，只要適合孩子的理解程度便可以了，最重要是好的詩，孩子都會欣賞的。我們的孩子尤其需要讀一些幽默、玩弄文字的突梯滑稽的詩，可是，這些詩更難求了。

以下是為十一歲至十四歲的孩子選書時父母不可忽略的幾要點：

1. 這個時期的孩子需要一些能幫助他們探討道德感與價值觀的書籍
2. 非小說類的知識性讀物和小說類的讀物一樣重要，知識性讀物可以擴闊孩子的視野和興趣。
3. 幻想性的故事能刺激孩子的創造力，同時可作解決難題的楷模。
4. 家庭的朗讀活動仍然有存在的價值。
5. 父母與子女一起討論看過的書，並且鼓勵他們自己選擇不同種類的書。

兒童圖書的分類及選擇

了解兒童圖書的分類和特點，
是為兒童選擇優良讀物的第一步。

怎樣選擇兒童讀物？

　　近二十年來，中國大陸、台灣和香港的兒童書業發展蓬勃，無論在量和質方面，都有十分可觀的進步。社會、學校和家庭也十分重視兒童的課外閱讀，促進了兒童書的寫作、出版與發行，這個現象非常可喜。

　　隨着越來越多的兒童讀物出版，我們不再有無書可買之歎，反而是面對着琳瑯滿目、七彩繽紛、印刷精美的兒童讀物，有不知從何着手選擇的困惑。因此，如何為兒童選擇優良讀物，便成為專業的訓練與學問了。

　　為了方便老師和家長選擇兒童讀物，本章特別把兒童書的分類按年齡和體裁加以介紹，並且説明每類書的選擇標準，使我們在選書時有所依據。

如何在琳瑯滿目的圖書中選擇合適的圖書，這是家長們需小心留意的。

幼兒讀物

（一）預讀階段

嬰兒生下來，什麼時候閱讀才不會過早呢？

答案是永遠不會過早的！有些熱心的父母在產前已為嬰兒做好預讀的工夫。我的女兒在我肚子裏四五個月時，我的兒子每天把一個小型輕巧的卡式錄音機放在我的肚子上，他要為弟弟或妹妹播放《彼得與狼》（*Peter and the Wolf*）的故事音樂帶，有時他會自己讀書給他／她聽。說也奇怪，女兒出生後，她第一次聽《彼得與狼》，便有似曾相識的感覺和反應。兄妹倆的感情也是從那時候開始建立起來的。

初生嬰兒已能對聲音作出不同的反應，母親對他溫柔地哼唱催眠曲，他便得到很大的撫慰，他已經能夠從不同的聲音獲得不同的信息和意思。

父母和嬰兒說話是最重要不過的預讀工夫，不要怕嘮叨和囉嗦，嬰兒就是喜歡聽重複的話語。如果不知和嬰兒說些什麼好，就朗讀故事，唱兒歌和玩手指謠遊戲。

父母也可以用問答的形式和幼兒分享書中的樂趣，父母指着書中的圖畫問孩子，讓他說出圖中物品的名稱。這個時期的幼兒，已懂得如何拿起一本書，並且開始對文字產生概念。

> • 父母多和嬰兒說話是最重要的預讀訓練。

（二）嬰兒書（First books）

　　嬰兒最初讀的是認物書（naming books），一般是釘裝牢固的厚硬卡書或塑膠書。每頁一幅簡單的圖畫，都是嬰兒熟悉的事物，如玩具、衣服、動物等。父母指着圖，問孩子是什麼東西，讓孩子認識物件的正確名稱，並且盡量講些與這物件有關的事情，目的是盡量讓孩子有更多接觸語言的機會。

　　有些嬰兒硬卡書的內容有簡短的文字，但沒有連貫性的情節。題材多選自嬰兒日常生活的事件，如玩耍、穿衣、購物、到海灘去、和家人在一起等。有些嬰兒書不但可以給嬰兒看圖，而且還可以聽到聲音，甚至可觸摸具體的東西和嗅到東西的味道。

> ● 嬰兒書有認物書、硬卡書、海綿書、塑膠書及布料書等，內容都是一些嬰兒日常生活會接觸到的事物。

（三）參與書（Participating books）

　　這些書有點像玩具，裏面有一些活動的小玩意，幼兒只要自己動手去翻開來或拉一下，就有新的情節出現。著名的例子是英國艾力‧希爾（Eric Hill）著的《小波叢書》中的《小波在

哪裏》，小波躲在門後面、鐘裏面、樓梯底下……每頁是一幅立體圖畫，小波躲藏在不同的物體裏面，讓嬰兒猜測小波躲在什麼地方。還有一種幼兒十分喜歡的書是立體書（pop-up），幼兒翻揭書頁可看到一些立體的物件或人物，生動有趣，吸引幼兒的注意力。

- 父母除了讓幼兒自己把玩這些玩具書外，也可以從旁輔助，給予鼓勵，讓幼兒多用自己的說話表達意思。

《彈跳立體書‧鏟泥車迷路記》（新雅）

立體書不但可吸引幼兒的注意力，也可讓幼兒直觀地認識事物。

父母為幼兒選書要注意下列事項：

1. 內容是幼兒熟悉的生活經驗。

2. 圖畫清晰，沒有擾亂視覺的背景。

3. 書本釘裝牢固，書頁不易弄污或損毀。

4. 文字清楚自然。

5. 富幽默感，同時讓孩子有成功感及優越感。

6. 給予讀者參與的機會。

7. 能抓住小讀者的注意力。

（四）兒歌（Nursery rhymes）

我國古代稱兒歌為童謠、孺子歌、小兒語等。兒歌最早流傳於民間，深受幼兒所喜愛，是人生最早接觸的文學，當嬰兒在搖籃裏或在媽媽的懷抱裏聽催眠曲時，便開始接受詩歌的文學薰陶了。西洋兒童文學裏的《鵝媽媽》（*Mother Goose*）便是著名的兒歌集。

兒歌選取的題材單純，只寫一個簡單的生活事件，或者說明一個簡單的道理。例如《排排坐》：

排排坐，吃果果；
你一個，我一個，
妹妹睡了留一個。

　　兒歌受到幼兒的喜愛，主要在於音樂性強，節奏明快，音韻和諧，具有琅琅上口、易唱易記的特點。一般兒歌的句式簡短，通常每句只是幾個字，很少超過十個字。每首兒歌的篇幅一般也不長，只是幾句話，較長的也只有十多句。

　　從兒歌不同的內容和表現形式來區分，種類有搖籃歌、遊戲歌、數數歌、連鎖調、問答歌、謎語歌和拗口令等。

五更天（催眠歌）

一更天，想睡覺。

媽媽問我什麼叫？

蚊子叫。

蚊子怎麼叫？

蚊子嗡嗡叫！

二更天，想睡覺。

媽媽問我什麼叫？

黃狗叫。

黃狗怎麼叫？

黃狗汪汪叫！

三更天，想睡覺。

媽媽問我什麼叫？

小貓叫。

小貓怎麼叫？

小貓咪咪叫！

四更天，想睡覺。
媽媽問我什麼叫？
老鼠叫。
老鼠怎麼叫？
老鼠吱吱叫！

五更天，想睡覺。
媽媽問我什麼叫？
公雞叫。
公雞怎麼叫？
公雞喔喔叫！

幼兒很喜歡這首兒歌重複的句式和不同動物的叫聲。

我有……（遊戲歌）

我有小手拍拍拍，
我有小腳踏踏踏。
我有小眼看看看，
我有小嘴哈哈哈。

數數歌

一二三，爬上山，
四五六，翻跟斗，
七八九，拍皮球，
張開兩隻手，
十個手指頭。

誰會跑（問答歌）

誰會跑？馬會跑！
馬兒怎樣跑？四腿離地身不搖。

誰會飛？鳥會飛！
鳥兒怎樣飛？張開翅膀滿天飛。

誰會爬？蟲會爬！
蟲兒怎樣爬？許多腳兒向前爬。

誰會游？魚會游！
魚兒怎樣游？搖搖尾巴點點頭。

這首問答歌可以讓幼兒認識一點動物的知識。

公雞（謎語歌）

頭戴紅帽子，身穿花花衣，
每天喔喔啼，叫我早早起。

鵝追鵝（拗口令）

天上一隻鵝，
地下一隻鵝；
鵝飛鵝跑鵝追鵝。

拗口令，又叫急口令、繞口令。是連用同音、相似音、疊韻和類似的字組成歌詞，要人急說卻並不順口。

> ● 兒歌可以訓練幼兒咬字吐音的能力，豐富他們的想像力和詞彙，而且從中得到音樂、文學、語文、常識等各方面的啟蒙。

（五）手指謠（Finger rhymes）

手指謠是幼兒教育中介紹兒童文藝的最佳方法。內容是把淺白、易誦、合韻及適合幼兒的題材編為歌謠。當父母或老師教導手指謠時，因歌謠合韻流暢，加上手指動作的配合，使幼兒容易理解和記憶，專注力亦因動作的表現而增長，不但收說話能力及文學欣賞的功效，而且因把玩手指的肌肉，使小肌肉的活動能力增強，為幼兒握筆寫字做好準備。

（六）字母書（ABC books）

字母書也是認物書。父母不要強迫幼兒背熟二十六個字母，因為這並不能幫助孩子閱讀。但是如果孩子的字彙不斷擴充，他的閱讀能力便相應地提高，這對幼兒學習寫字及閱讀都有幫助。

字母書一般可分為四種：

1. 字和圖
2. 簡單的故事
3. 謎語式
4. 有特定的主題內容

父母如何為幼兒選擇字母書？可參考下列數點：

1. 所選物體或動物，要清楚地繪畫在每一頁上面。
2. 給幼兒用的字母書，每次只能介紹一至兩件物品。
3. 要選擇常見的動物和易認的物品。
4. 不要採用多於一個名稱的物品。
5. 圖文要統一。
6. 圖文要適合該書預定讀者的年齡和閱讀程度。

《新雅幼兒親子 ABC 識字卡》（新雅）

一個頁面只介紹一種物品，有利幼兒認知和記憶。

（七）數數書（Counting books）

這種書的插圖和書頁設計最重要。給幼兒數數的物體要清楚地在書頁上顯示出來，不能混淆不清。常見的數數書有三種：

1. 一個一個的數
2. 簡單的數學概念
3. 數字故事和謎語

為幼兒選擇數數書時，要注意下面兩點：

1. 採用的物體是幼兒常見的。
2. 一組一組的物體不能混在一起，必須讓小讀者容易辨別。

《數學好好玩》系列（新雅）

這是一套故事加遊戲的數學書，適合 3-5 歲幼兒。

（八）概念書（Concept books）

概念書是幼兒最早的知識性讀物。它能使幼兒的視覺更加敏銳，刺激他們講話，擴充字彙，並且擴大他們對周遭事物的認識。一般的概念有：顏色、大小、重量、形狀、相反、時間、距離等。也有些概念書是表達一個特定的處境的，如：幼兒園、看醫生、看牙醫、超級市場、飛機場等。

> ● 概念書幫助幼兒了解物體間的相互關係和分辨物體的異同。引導他們認識一個概念應從簡單到複雜，從已知到未知。

（九）無字書（Wordless books）

沒字的書是圖畫書的一種，故事主線全靠圖畫表現。父母可鼓勵幼兒看圖講故事，讓他們認識一個故事在開頭、中間和結尾有不同的事件發生，並且有高潮，故事中還有動物或人物的角色。

（十）始讀書（Books for beginning readers）

這些書是給幼童開始學習自己閱讀。文字必須清楚自然，有一個使人滿意的情節，小讀者可以預測到結局，並且有重複

的句式讓小讀者反覆誦讀，如《三隻小豬》、《拔蘿蔔》、《小波在哪裏》等。

另外一種是有限制的字彙，讓幼童自己獨立閱讀。選擇時要注意書中文字的美感，不能給有限的字彙破壞了。

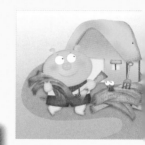

大豬用稻草蓋房子。這房子前面要有一道大門，後面要有一道小門，大狼來了也不怕。

dà zhū yòng dào cǎo gài fáng zi.
大豬用稻草蓋房子。

二豬用木頭蓋房子。這房子前面要有一道大門，後面要有一道小門，大狼來了也不怕。

èr zhū yòng mù tou gài fáng zi.
二豬用木頭蓋房子。

15

三豬用磚頭蓋房子。這房子前面要有一道大門，後面要有一道小門，大狼來了也不怕。

sān zhū yòng zhuān tou gài fáng zi.
三豬用磚頭蓋房子。

《親子共讀故事‧三隻小豬》（新雅）

重複的句式，讓小朋友反覆誦讀，會他的朗讀興趣，訓練他的語感，也可易認字。

18

19

圖畫故事書

　　上面所説的幼兒讀物，其實都是以圖畫為主，文字為副的圖畫書，有些甚至是完全沒有文字的圖畫書。現在所説的圖畫故事書則是圖畫和文字扮演同等重要的角色，並且互相補充不足之處。

　　圖畫故事書是插畫藝術與寫作藝術的巧妙結合。一本設計上乘的圖畫書，圖畫和文字兩種媒介共同分擔講述故事的任務。兒童「讀」圖畫，大人講述或為兒童朗讀故事。每頁插畫不但要反映故事中的動作，還要推動故事前進。出色的插畫家不但用圖畫講述故事，而且要在畫中把故事的含義顯示出來。

　　因為圖畫故事書的一般讀者年齡是從三歲到八歲，他們的欣賞能力和興趣水平高於閱讀能力。

　　圖畫是「視覺語言」，生動有趣的精美插畫，使文字更具吸引力，是傳遞文字信息的有效媒介，使讀者易於明白故事內容，並且加深印象和記憶。

《彩虹魚》系列採用特殊印刷，讓彩虹魚身上的鱗片閃閃發光，給孩子一種很特別的感覺。

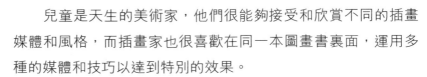
　　兒童是天生的美術家，他們很能夠接受和欣賞不同的插畫媒體和風格，而插畫家也很喜歡在同一本圖畫書裏面，運用多種的媒體和技巧以達到特別的效果。

　　圖畫故事書中的文字，佔有一席重要地位，可不能忽視。它有助於兒童早期對想像性語言的吸收。

　　圖畫故事書主要是大人讀給小孩聽的書，因此作者不必刻意採用淺白的文字，低估了讀者的理解力，其實兒童可以從圖畫中領悟新字深詞的意義，這樣還可以讓他們認識多些字彙呢。

　　今天的圖畫故事書，主題和內容雖然廣泛，但仍以家庭故事、日常生活瑣事、人格化的動物、大自然現象、現代童話故事、幽默或滑稽故事等為主體。有些圖畫書是專門給年齡較大的兒童欣賞的，所探討的主題也較為深奧，像戰爭與和平這類人類的大問題便是一個明顯的例子。

　　圖畫故事書的價值在於擴展兒童的生活經驗，啟發想像力，賦予生活的意義，插畫的視覺藝術更引導了兒童對美的欣賞與追求。

　　圖畫故事書不但深受不同年齡的小孩所喜愛，而且連大人也愛不釋手，成為美術藏品呢。世界一流的兒童書插畫家的原作更為美術館爭相收藏。

　• 圖畫故事書是文字和圖畫的結合，圖畫是「視覺語言」，可幫助小讀者閱讀文字。

圖畫故事書的選擇標準：

1. **內容：**
   - 故事的主題和內容是否適合該書預定讀者的年齡？
   - 故事會吸引兒童閱讀嗎？
   - 書中的人物塑造是否恰當？
   - 文字是否通順、優美。

2. **插畫：**
   - 圖畫如何幫助文字把故事的人物、情節、背景、氣氛正確地表達出來？

3. **插畫的方式與技術：**
   - 插畫的人物造型和色彩有沒有吸引人的地方？
   - 插畫風格有何獨特的地方？

4. **版式：**
   - 書型的大小是否切合內容？
   - 書套的設計能否表達書的主題？
   - 封面設計可有傳達整本書的精神？
   - 字體大小是否選擇適宜？
   - 紙張的質素是否優良？不過底？不反光？
   - 釘裝是否牢固？

寓言

寓言是一種寓有教訓的故事，除了人物之外，通常還把動植物或非生物擬人化，使他們成為故事中的主角。

法國著名寓言詩人拉‧封丹說：「一個寓言，可以分為身體與靈魂兩部分，所述說的故事，好比身體，所給予人的教訓，好比靈魂。」因此寓言是透過講故事的途徑，達到說明某個哲理和教訓的目的。

不論中外，寓言的產生，都在古代。中國古代諸子中，像莊子、韓非子等，便常用寓言寄託表達的意思。世界上最偉大的寓言作家，應首推希臘的伊索。

伊索約生於公元前 600 年，他是一個奴隸，沒有言論自由，只好把自己的意思完全寄託在寓言裏。因他天生聰明和機警，所以每一篇寓言都生動活潑，而且含有智慧和人情味，因此流傳至今，全世界都有譯本。

寓言一般不是專為兒童而寫的，因此為兒童選擇寓言要選寓意明顯，故事具有生動形象的，兒童才會樂於接受。例如《伊索寓言》中的《獅子和老鼠》的寓意是「不要以為小的一定無用」，便很清楚明顯，獅子和老鼠的形象也很生動。其他的如《龜兔賽跑》也有同樣的效果，能使兒童讀後不忘。

　　寓言的故事單一，篇幅短小，因為語言要精煉、幽默和生動，使讀者留下深刻的印象。例如我國古代寓言中的《自相矛盾》和《井底之蛙》便是。

> ● 父母為兒童選擇寓言故事時，應注意選些寓意較為明顯的內容，篇幅不必太多，但文字要生動及富幽默感。

《小朋友一定要讀的‧中國寓言》系列（新雅）

《我會說故事》系列（新雅）

神話和傳說

　　當人類認識到人與動物有所分別，是因為能說話、能思想時，便試圖解釋這個世界的種種現象。最早的人類是怎樣來的？日、月、星辰的創造者是誰？人為什麼有貪婪自私和美醜賢愚？原始人類創作許多故事來解釋他們的疑難，他們嘗試用想像力來探討宇宙和人類的行為，這些故事世代相傳，加以附會，便演變為神話了。

　　中國的神話資料非常豐富，盤古開天闢地、女媧補天、嫦娥奔月、后羿射日等，都是很有趣的神話。西洋神話最著名的首推希臘神話。為了讓兒童有廣闊的心靈和視野，我們也應該介紹各國的神話給兒童認識，如羅馬、印度、北歐、日本等國家的神話。

　　很多文學和藝術作品都來自神話，所以神話可看作為文學的一部分，選擇有益的神話給兒童閱讀，可引起兒童對文學和藝術的興趣。神話是初民文化的泉源，兒童從中可了解各民族的文化和社會情況，因此兒童閱讀神話也是一種文化的薰陶。

　　傳說和神話，有時很難劃清界線。傳說是由神話逐漸演進而來的，依據某種事實，輾轉附會，或者誇大其辭，使傳奇人物變為具有英雄與神的形象。我國著名的傳說有《神農嘗百

草》、《大禹治水》等，英國則有《亞瑟王和圓桌武士》。

　　一般來説，傳説是民間流傳的與一些歷史人物、歷史事件、地方古跡、自然風物、社會習俗有關的口頭故事。傳説中雖然也有神的活動，如希臘神話中有一部分便是傳説，但是主人翁多是奇才異能的英雄人物，內容偏重於歌頌他們的智慧和力量，以及他們對人類的功績。

> • 原始人的爭執、野蠻、報復和暴力並不能為幼小的兒童所理解，因此給兒童選擇神話時，要注意讀者的年齡和刪除對兒童思想有害的部分。

《繪本中華故事・神話傳説》（新雅）

古典童話（民間故事）

　　童話這個名詞，在清末從日本引進中國時，它的定義並不很明確，範圍也很廣泛，相等於專供兒童閱讀的故事和小說。後來，童話的特質慢慢給確定了，它才與故事和小說區分開來，形成了「童話」這種獨特的兒童文學體裁。

　　童話的領域隨着時代而不斷擴展，到了今天、可因着它的內容、發展及特殊風格，而分為「古典童話」和「現代童話」兩大種類。

　　古典童話為傳統的文學寶庫，是民間的集體創作，並沒有明確的作者。這些故事都是經人民口述，一代一代的相傳下來，再經後人改編而成的。最顯著的例子便是德國的《格林童話》，那是格林兄弟從民間收集得來編寫而成的民間故事。

　　民間故事範圍很廣泛，世界各國都有自己的民間故事。各地人民生活不同，風俗習慣有異，自然有許多不同的故事流傳民間，這些故事謳歌民間樸實善良的百姓，他們也許是農夫、漁人、獵者、工匠、婦女和孩童，都是勤勞勇敢、聰明機智的平凡人物，而且故事充滿人情味和生活氣息。

　　兒童今天仍喜歡這些故事，那是因為基本上這些都是上乘的故事。它們源於口傳，短小精簡，節奏明快，充滿機智幽默，

而且往往是大團圓結局。故事人物善惡分明，分別得到公正的賞罰，正符合兒童天生的正義感和道德觀。故事裏面所有的夢想和願望的實現，都必須經過一番艱苦努力才可成功，而且通常是小人物獲勝，這正好滿足幼小無助的兒童的心理需要。

> • 兒童閱讀民間故事可接觸各國民族不同的文化背景。各民族雖然有不同的生活方式和價值觀念，但卻具有人類的共通性。

《感動心靈的安徒生童話精選集》、《啟發智慧的格林童話精選集》（新雅）

現代童話

在各種兒童讀物當中，童話是最受歡迎的一種高度幻想性的虛構故事。

現代童話和古典童話一樣，都是富有創作性和想像性，充滿鳥言獸語和各種人格化的角色。但現代童話和古典童話有一點完全不一樣，就是它有明確的作者。

童話像詩一樣，它的意義隱藏在字裏行間。偉大的童話故事都含有哲理，反映現實社會的真像，並且給予批判，最明顯的例子是安徒生的《皇帝的新衣》。兒童的想像力不同，他們演繹故事的能力也不一樣，有些兒童只讀文字表面敘述的故事，有些兒童則從字裏行間領悟其中的真理，這就說明了為什麼不同年齡的兒童，甚至成人也喜歡閱讀童話。

童話也像小說一樣，情節結構必須完美，有使人入信的人物、有意義的主題和恰當的文章風格。但童話最重要的一個元素是：想像必須建築在現實的觀點上，那才可使讀者置信。美國作家 E.B. 懷特（E.B. White）的《夏洛的網》（*Charlotte's Web*）和英國作家菲莉琶·皮爾西（Philippa Pearce）的《湯姆的午夜花園》（*Tom's Midnight Garden*）便是現代童話的一種典型的作品。

選擇現代童話時，可從下列幾個方面給予
評價：

1. 這個童話的想像成分是什麼？

現代童話可作多方面的想像——魔幻的世界、
會說話的玩具、人格化的動物、不可知的未來
……一切不可思議的事物。

2. 作者如何使故事引人置信？

想像世界必須立足在現實世界裏，場景細節的
描繪、人物性格的塑造、對話的運用都可以增
強故事的真實感，帶讀者進入幻想世界中，並
且相信它存在的可能性。

3. 故事合邏輯嗎？

作者所建立的幻想世界必須有一個內部統一的
架構，否則便不合邏輯，讀者無法接受和相信。

4. 故事情節有獨創性嗎？

童話故事的難能可貴在於故事布局的機靈，情
節的安排巧妙新奇，能刺激讀者的想像力。

5. 故事的隱喻有共通性的真理嗎？

童話的傳統是反映人類心裏對美好事物的渴
望，因此故事裏往往隱藏了哲理，使讀者深思。

科學幻想小說

　　科學幻想小說是在十九世紀科學突飛猛進的發展條件下產生的一種新文學類別，十分受到少年兒童的喜愛。它是以科學幻想為基本內容，而以小說為表現形式。英、美國家稱它為「科學小說」（Science Fiction，簡稱 S.F.）。

　　今天的社會瞬息變幻，作者預測未來的科技進展，想像這些新發明如何影響人類的生活與思想。在一個特定的想像架構中，在未來世界裏，一些未知的情況便會被接受為已證實了的事實，作者的最大考驗和技巧在於如何能使讀者置信。

　　科學幻想小說可以培養兒童的科學頭腦，充實科學知識，增進科學興趣，但它最大的價值在於發展兒童的想像力、思索力、推想力，使頭腦更加靈活。大多數文學只能給予讀者一個固定的社會情景，只有科幻小說能帶引讀者到達未來世界。兒童較成人更能進入不可知的未來——機械人、太空船、外星人、星際探險等都給予兒童無窮的幻想。

在給兒童選擇科學幻想小說時，要注意以下三點：

1. **小說的文學性**——科幻小説具備人物、情節和環境等小説的要素，具有小説的文學性。它所表現的科學思想和涉及的科學知識，必須滲透在具體的情節中，通過人物的活動表現出來。

2. **幻想的科學性**——科幻小説的幻想具有科學性，是科學的幻想，一般表現形式有三種：一是從已知的科學原理，猜測過去可能發生過的事情；二是想像已有的科學技術在當今的應用；三是根據今天科學水平所達到的認識程度，作有關人類未來生活的大膽假設，這是科幻小説的最高層次。

3. **科學幻想的神奇性**——科學幻想是異想天開、新奇和大膽的，但幻想必須建立在科學事實和科學原理的基礎上，才可引人入信，否則便淪為荒誕無稽之談。

兒童詩

　　中國是詩的國家，詩歌起源很早，《詩經》更是我國最早的詩歌集。可惜數千年來，很少有專為兒童寫的兒童詩歌。至於《千家詩》和《唐詩三百首》，雖然以前是兒童的課本，但那些詩只是從成人詩集中，選出較淺易的供兒童誦讀而已。我國有真正為兒童寫的詩歌，還是五四以後的事情。直到今天，兒童詩的出版仍然為數不多，不能滿足廣大兒童讀者的需求。

　　其實，在兒童文學領域中，詩歌佔着一個很重要的地位。因為根據兒童身心發展的情況來説，幼兒是先會吟唱簡單的兒歌，才能慢慢聽得懂一個故事的。詩歌是韻語，容易記憶，若要加強兒童早期的語言發展，便要在幼年期給他們提供大量的詩歌，讓他們多聆聽和誦唱。

　　兒童詩的主要讀者對象是小學至初中的少年兒童。為兒童選擇詩歌，必須注意是否具有下列幾個特點：

1. **主題明確**——詩言志，歌詠懷。詩歌的主要任務是抒情述志，運用形象來表達作者的思想

感情，而不是直接陳述觀點。詩貴乎含蓄美，但含蓄並非隱晦難明，使兒童不能理解欣賞。

2. **強烈豐富的感情**——情感是詩的根本。一首詩必須有作者心中濃烈真摯的情感，才能引起讀者共鳴，達到培養高尚情操的目的。

3. **構思新穎，想像奇妙**——詩歌最富於幻想，兒童詩尤其要求想像豐富，構思巧妙新奇，才能吸引兒童欣賞。

4. **意境優美，趣味盎然**——詩的意境是客觀事物與作者主觀思想感情的結合，是「情」與「景」的交融，「物」與「我」的統一，「形象」與「哲理」的化合。兒童詩的意境要求形象更鮮明，使兒童易於理解和接受。兒童詩要比成人詩更具有濃郁的趣味。

5. **語言精美，音樂性強**——兒童詩肩負培養和發展少年兒童語言能力的任務，因此兒童詩的語言應是可供兒童學習的典範語言。兒童詩必須運用精練、優美、生動、活潑的語言，準確地表情達意，寫人敘事，描繪景物，及表現深刻的主題哲理。此外，詩是文字的音樂，所以必須具有韻律美和節奏感。

6. **確切妥當的形式**——兒童詩的形式並不固定，每句的字數也不一定相等，因此形式不要公式化。

　　兒童詩的價值在於美化生活，淨化心靈，啟發智慧，豐富想像力、觀察力和創造力，使兒童得到喜悦和快樂。

　　我作的兒童詩《一個快樂的叉燒包》，曾經在校際音樂朗誦節中給一年級男生朗誦，使大人和小孩都感受到快樂。請你和孩子一起閱讀，希望你們也感染到那份快樂！

一個快樂的叉燒包

你看，

我剛從大蒸籠裏出來，

仍然冒着氣——

　　　熱騰騰，

　　　香噴噴，

　　直教人把口水吞。

你可知道，

我是天生的大快活——

　　　白雪雪，

　　　胖嘟嘟，

　　裏面一顆火熱辣的心。

告訴你，

我最大的快樂，

是發出熱力和香味，

逗人開心地抓起我，

大口大口地往肚裏吞。

然後伸出舌頭，

舔舔嘴巴説：

「真好吃的叉燒包！」

寫實小說（生活故事）

　　寫實小說反映兒童生活的真實面貌，題材十分廣泛。舉凡人類社會所面對的種種難題和危機，都可在寫實小説裏讓兒童認識到。但寫實小説不能只暴露社會的陰暗面，也要讓兒童看到積極美好的光明面。

　　寫實小説對兒童的價值在於：

1. 幫助兒童認識人際關係及各種社會問題。
2. 給予兒童面對困難的勇氣及信心。
3. 使兒童體驗他人的生活經驗和處境。
4. 提示兒童良好的生活模式及行為榜樣，啟發兒童高尚的情操。

　　給兒童閱讀的寫實小説，最常見的家庭生活及成員之間的關係、學校生活、儕間的關係、成長的困擾及自我的追尋。專門探究人類社會所遇到的問題，例如病、死、孤獨、貧窮、飢餓、戰爭、吸毒、嚴肅的主題。此外，寫實小説也包括一事、動物故事、懸疑故事及冒險故事等。童生活在一個多元化的社會裏，寫實小越來越廣泛，可謂取之不盡，用之不竭。

《何紫兒童小説精選集》（山邊）

為兒童選擇寫實小說，要特別注意下列幾點：

1. 題材及處理手法是否適合某個年齡的兒童的理解能力。

2. 故事的真實性——作者把必須顯露的事實忠實地描述出來，並沒有故意把事件美化或醜化。

3. 故事的深度——作者呈現於兒童的生活經驗是多層次的，而不是平面的，兒童可從中得到不同意義的啟發。

4. 作者在故事中所表現的思想與感情是深刻的，但並非濫情的傷感或過分的道德說教。

歷史故事

　　歷史故事是根據史實，結合作者的想像力，二者嚴密地編織在一起的故事。

　　歷史故事的目的不在於向兒童灌輸歷史知識，而在於：

1. 使兒童知道古代人民的生活情形，培養歷史意識。
2. 使兒童明白本國民族的發展、文化演進情況，激發他們的國家民族觀念。
3. 使兒童明白世界文化發展的大概，民族與民族間的相互關係，以培育兒童天下一家的思想。

歷史故事的內容包括：

1. 記人的——以人物為主題，記敍民族英雄和世界偉人的有趣、感人故事。
2. 記事的——以事件為主題，記敍歷史上發生的特別事情，其經過及對人類的影響。
3. 記物的——以器物為主題，記敍人類生活史中，某一件器物的發展和演進經過。

《中國古代四大美人的傳說》系列（新雅）

為兒童選擇歷史故事，必須注意下列幾點：

1. 歷史故事本身必須有故事性，而不是枯燥的史實描述，否則不能引起兒童閱讀的興趣。

2. 史實與想像的成分要平衡。

3. 要有真實感和正確的史實，雖然人物和情節虛構，但不能背離信史的記載。

4. 故事要正確無誤地反映那個時代的特色和氣氛，當時人的信仰和價值觀。不能把現代觀點強加於古人。

5. 對話不但要能反映人物性格及時代背景，而且要符合那個時代的語言特色，否則所述故事便不可信。

6. 主題要明確，給兒童留下深刻印象，並且獲得「鑑古知今」的寶貴經驗。

傳記

　　傳記是記載一個人的生平事跡，傳之於世的一種文字體裁。傳記可分為全傳和軼事兩種，全傳是根據正史，敍述個人一生的事跡，而軼事取材於野史，是個人事跡的零星片段。

　　兒童都喜歡崇拜「英雄」人物，因此他們都喜歡閱讀名人事跡的故事，而傳記對兒童來說，也具有下列的教育意義：

　　1. 鼓勵兒童追求遠大目標，培養完美德性——傳記中記述成功者的重要成就、貢獻和影響，以及奮鬥成功的過程，激勵兒童立定遠大目標，並且把傳記人物的一言一行作為立身處世的楷模。

　　2. 了解歷史的事實，增加歷史知識——透過傳記認識歷史人物，對於那個時代的各種有關史實，也有所了解。

　　3. 增加專科的知識——古今中外，各行各業，有特殊成就的人都可成為傳記人物。對於某一專家的成功經過，必會介紹他的專門知識。兒童讀後，不但了解專家成功之路，同時也增加了一些專科的知識。

《新雅‧名人館》（新雅）

為兒童選擇傳記，應有以下的選擇標準：

1. 傳記人物的選擇

（a）該人物的故事必須有趣味性和對今天的兒童仍具有意義。

（b）兒童認識這些歷史或當代人物，能幫助他們認識過去或現在。

（c）這人物的經歷要能擴闊兒童的視野，加深他們的生活經驗。

2. 故事的真實性和可信度

（a）文字與插圖都經過研究和小心引證，沒有錯誤的事實呈現給讀者。

（b）作者應在書中註明資料的來源。

（c）這本傳記與其他版本的傳記可有爭議的地方。

（d）作者描述該人物的一生事跡完整無缺，沒有遺漏重要的事件。

3. 寫作風格

（a）作者運用生動的筆調，清晰的描寫，使人物充滿趣味性。

（b）利用對話和引用語，加強人物的真實感，使讀者如見其人，如聞其聲，將人物栩栩如生地呈現在讀者眼前。

（c）作者多方蒐集真實可靠的資料，自然而靈活地融會在故事中，而不只是事件的堆砌。

4. 人物的塑造

（a）所記人物要是有血有肉的真實人物，並非全無缺點的完人，成功人物的小瑕疵使故事更具真實感，更有人情味。

（b）作者對所記人物的褒貶要公正，不偏不倚。

5. 主題

（a）作者對所記人物一生的演繹要恰如其分。

（b）故事不能過分簡化或是把事件堆砌來配合主題。

遊記

　　遊記是記述個人的遊歷及見聞，包括山川景物的描寫、各地風土人情及社會生活的記載，使人讀起來有如身歷其境。

　　兒童有強烈的好奇心，喜歡尋幽探秘，在他們仍未有能力遨遊四海、飽覽異地風光時，我們提供遊記給他們閱讀，可滿足他們的好奇心和求知慾。

　　遊記對於兒童的價值，有以下各點：

1. 增加兒童的地理文化知識——生動活潑的遊記，比教科書更能有效地增進兒童的地理知識。

2. 啟發兒童研究異地人民生活文化的興趣——遊記裏面記述異國風光和當地人民的生活，使兒童了解和尊重異國人民的生活習慣，加強民族之間的了解與尊重，避免種族間的歧視與誤解。

3. 激發兒童愛護古跡及本土文化的志趣——兒童多讀本土遊記，對名勝古跡、山川景物，由欣賞而產生愛護之心，因此遊記能教育兒童保護本土文化遺產。

4. 擴充兒童的生活經驗——兒童從遊記中領略異地風光及認識異地風俗習慣，間接地豐富了他的生活經驗。

為兒童選擇遊記，要注意下列幾點：

1. 避免流水帳方式的記述，否則便平淡無奇，枯燥無味，兒童無心閱讀。

2. 遊記中的地理資料要正確無訛，不能誤導兒童。

3. 筆調要親切愉快，作者是識途嚮導，把景物歷歷呈現在讀者眼前。

4. 景物的描述要逼真，而且附有圖片，幫助兒童加深認識。

5. 除了寫景，作者也要寫情，抒發自己的感想，那才能引起兒童的共鳴，因而使遊記富有生命力。

謎語

　　謎語是我國民間文學和兒童文學的一種特殊形式，是一種隱射物象的韻文，可以啟發兒童的心智發展，刺激兒童思考，同時具有豐富的娛樂性，增加生活情趣。

　　謎語可分為多種：生物謎、器具謎、人事謎、地名謎、字謎、成語謎等。給兒童的謎語，應該依據兒童的年齡及心理發展，按照上列次序提供。年幼的兒童以生物謎、器具謎、人事謎為主，年長的兒童則提供地名謎、字謎、成語謎等。

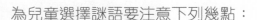

為兒童選擇謎語要注意下列幾點：

1. 謎語的語句要自然而有韻。
2. 內容要切合兒童的生活經驗。
3. 隱喻不能過於晦澀或費解，有時要附加插圖，
   幫助兒童按圖索物。
4. 富趣味性。

笑話

　　笑話是用詼諧、有趣的說話或事物，製造笑料，引人發笑的文字。成人和兒童都喜歡聽笑話、講笑話和讀笑話。

　　笑話對人的心理健康有很大的裨益，它的價值在於：

1. 增進幽默和快樂的氣氛。

2. 令人心境開朗，培養達觀性格。

3. 充實生活，增加情趣。

4. 保持愉快的情緒。

5. 具有含蓄的鼓勵作用，啟迪思想。

　　給兒童選擇笑話，要注意笑話的內容是否適宜：

1. 淺顯易懂，簡短易記，取材自兒童熟悉的事物。

2. 要富有動作，笑料不宜太直接顯露，最好能使兒童想一想才發笑的。

3. 避免以取笑兒童或他人為樂，尤其是身體的缺憾或性格上的缺點。

4. 要高雅，不可流於低級和粗俗。

知識性讀物

　　圖書可分作兩大類：小説與非小説類。知識性讀物屬於非小説類。

　　我們今天處於一個知識爆炸的年代，今天的兒童比任何一個時代更需要知識性的讀物。知識性讀物並非只限於供給較年長的兒童閱讀，有不少專為幼兒甚至嬰兒出版的圖畫書其實就是知識性讀物，所以圖畫書也分為有一個完整故事的小説類圖畫書，以及純知識性的非小説類圖畫書。

　　兒童天生有強烈的好奇心和求知慾，因此父母不要忽略給不同年齡的子女選擇各種知識性讀物。

《科學一本通》系列（新雅）

以下是為兒童選擇知識性讀物的準則：

1. 準確性與真實性

（a）作者本身的資歷十分重要，如果不是該科的權威性專家或學者，則要看看書中有沒有說明所採用的資料來源，以及有沒有經過專家學者的審閱。

（b）書中資料有沒有過時？一般科學和政治方面的書很容易過時，特別是涉及研究和實驗方面的書，如醫學和太空科技等。（c）書中討論的範圍必須包括全部重要資料，否則便不夠準確，最容易犯這毛病的是涉及性知識方面的書，往往不能誠實地把全部事實呈現給讀者，達不到準確性的基本要求。

（d）避免片面性——一般科學書籍的插圖，科學家往往都是男性，極少看到女建築師、女工程師等。而有關別個國家的書則往往不能正確地反映當地人民生活的全貌。

（e）避免擬人化——用寫童話手法的擬人法寫知識性讀物，不但缺乏科學的態度，而且低估了兒童的理解能力。

2. 書中內容

（a）內容是否適合預定讀者的年齡和閱讀程度？讀者的興趣比年齡更為重要，因為如

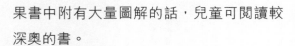

果書中附有大量圖解的話，兒童可閱讀較深奧的書。

（b）範圍是否過大或過小？作者或編者的目標是作全面處理或只是局部探討？

（c）書中有沒有採用科學的方法？知識性讀物的重要性在於刺激兒童探討事物的精神，使兒童從中學習、觀察、分類及探索等科學方法。

（d）該科與其他科的關係及對人類的影響，例如核能的好處及危險性，科技與人類社會的關係等。

3. 寫作風格

（a）清楚和直接——採用準確、清晰和恰當的文字寫作，對細節的描述要具體、明確，不能給讀者模糊不清的印象。

（b）深淺程度——不必受一定字彙的限制或刻意求淺白。新的名詞要在文中顯露其含義，概念不能太多，可讀性要高。

（c）生動的語言——文字生動而準確，不能寫成百科全書一樣的平板。

4. 組識

（a）資料編排清楚，結構條理分明，大小標題採用恰當。

（b）書前的目錄和書後的索引都是重要的參考
工具，此外還有詞彙表、附錄或參考書目。

5. 插圖和版式

（a）插圖要清楚，不但使書更有趣和更具引力，
最重要的是幫助讀者加深了解文字的敍
述。抽象的意念或概念尤其需借助插圖的
說明。

（b）採用的插圖媒介是否適合？有些科目適
宜用攝影照片，有些則必須用立體式的圖
解。

（c）插圖的文字說明要清楚易明。

（d）版式包括書的大小、字體的大小和全書的
整體設計。

兒童電子書與印刷書的選擇與爭議

　　無可否認，電子書確實比印刷書更吸引小讀者，能引起他們較大的閱讀興趣。可是值得注意的是，電子書也比較容易分散小讀者的專注力，削弱他們的理解能力。

　　父母在選擇兒童電子書時，首先要求的是內容是否適合子女的年齡及閱讀能力，而不是要求設置多種不切實際的功能，尤其是與故事內容無關的互動遊戲。過多花巧的增添活動，反而妨礙了子女學會獨立閱讀的能力。電子書與印刷書是載體不同的閱讀模式，它們扮演的角色和功能基本上是一致的，就是儘早培養兒童對閱讀的興趣，提高他們的讀寫能力，因此二者應有平衡的互補作用。

　　今天的兒童電子書仍然處於一個起步階段，iPad 在 2010 年面世，其他對兒童更具吸引力的電子閱讀產品，也不過是近年才由出版商研發出來。至於是否具有教育價值，仍然有待學術界作更深入的探討和研究。

有趣的親子
閱讀活動

和孩子一起閱讀，
可以令你和子女的關係更親密。

如何進行親子閱讀

一九八五年五月十一日至六月二日，香港閱讀學會、香港小童群益會和香港明愛聯合舉辦了「第一屆親子閱讀運動」。我被邀請出席專題研討會「父母如何用行動鼓勵子女閱讀」，負責演講鼓勵子女閱讀的策略。我的講題是「親子閱讀十大妙策」，沒想到得到很熱烈的回應。報紙把十大妙策登了出來，不少學校和社團也來信和來電邀請我給家長演講「親子閱讀」。從八五年至今，我從香港半山區到九龍塘到新界屯門，在不同的場合和熱心的家長討論親子閱讀的重要性及實施的方法，但我總強調兩個不可或缺的成功要素——「趣」和「樂」，有趣的親子閱讀活動，是可以促進家庭和樂的。

我在「儘早替孩子結書緣」一節中說明了父母對閱讀的態度影響了子女對文字和書籍的好惡。父母愛子女之心是不受教育程度的高低圍限的，因此任何教育程度的父母也可以鼓勵子女閱讀。用什麼方法鼓勵最有效呢？那就莫過於以身作則和孩子共享讀書樂了。

和孩子一起閱讀可以使你和子女的關係更加親密。以我們一家為例，是書把我們黏合在一起的，使我們有共同的生活情趣，溝通的話題，精神上的富足。

　　兒子十四歲時長得差不多和我一般高，嘴唇上邊開始長鬍鬚了，看上去儼然一個小大人。但當他把收藏的嬰兒時期的書籍翻出來看時，他會很溫柔地對我說：「媽媽，我愛你，我還記得小時候你和我一起看當奴鴨故事呢！」

　　兒子一歲半時最喜歡聽我給他講當奴鴨的故事。我把故事內容縮短了，並且戲劇化地講給他聽。我扮鴨媽媽，他扮當奴鴨。他剛學會講話，只能教他說幾句簡短的對白。沒想到他卻樂此不疲，一天要和我扮演好幾次，他因此至今仍印象深刻。

　　女兒在六個月大的時候，我抱她坐在我的膝上，和她一起看《小黑捉迷藏》，小黑是一個像五角硬幣般大小的小圓黑點。我把文字唸給她聽，捉着她的小手指着小黑說：「這是小黑。小黑躲在哪裏？小黑躲在這裏，小黑躲在盒子裏！」

　　女兒到了十四個月大，還不會講話，但她可以用小手指把躲在十二個不同地方的小黑指認出來，給她自己和我們帶來成功的喜悅。試想想，足足八個月的時間，我們母女二人共同看小黑。體力上，她從坐不穩到可以爬行，從爬行到站起來邁開腳步走路，當中是多麼大的進步。同樣地，她的語言發展，也在這八個月中跨進一大步。我這母親的快樂，就在每天和她一起看書中觀察到她的成長和進步。我還觀察到女兒和兒子小時候很不一樣，她比一般幼兒的專注力強，而且喜歡自己看書，這真教我驚訝。她對文字有很強烈的好奇心，在幼稚園學寫字時，她便自己查看字典，那是她哥哥的小學生字典呢。

　　我和子女最甜蜜的回憶，都是大家一起閱讀時的快樂時光。因此，親子閱讀最重要的是父母和子女同樣開心，完全沒有壓

長大了的小健和
媽媽對談

迫感。今天生活在都市的父母生活緊張勞累，尤其是雙職工的
家庭，父母忙於工作，把孩子交給托兒所、傭人、長輩、鄰居，
甚至任由子女坐在電視機前讓電視機看管，根本沒有時間親近
子女，日久便與子女產生疏離感。

　　我的兒子很幸運，他從零至六歲都有父母陪着他閱讀和遊
戲。我的女兒沒有哥哥幸運，她從零至六歲大部分時間交由菲
傭照顧。但我給她選擇了一位不看電視愛看書的菲傭，每天給
她讀英文故事書和讓她聽中文故事錄音帶。無論怎樣忙，丈夫
和我每天晚上嚴格遵守親子閱讀時間，給孩子講故事。和孩子
一起看書，是我們給予孩子最大的愛，這是金錢買不到的，也
不是任何人可以代替的職責。兒子從來不羨慕同學有多少部昂
貴的電視遊戲機，他沒有任天堂，也沒有名牌衣物，但他擁有
近千本中英文圖書，還有陪他一起閱讀的父母，和聽他讀書和
講故事的妹妹。如果丈夫和我不是從小和孩子一起閱讀，我深
信我們今天兩代間的關係一定大大地改觀。

　　親子的時間貴精不貴多。父母和孩子在一起，有什麼事情比閱讀更好呢？不但隨時隨地可實施，而且經濟實惠。大部分父母都知道書籍對孩子成長的重要性，那麼，我們為什麼不利用閱讀活動來親近孩子呢？當你和孩子一起看書，一起以書做話題時，你會發覺圖書是和子女溝通的最好媒介，你會對子女的心理成長和情緒發展有更多的發現和了解。換句話說，你對自己的孩子有更深的認識。許多父母生養孩子，可是並不見得真正認識自己的子女。

　　也有父母告訴我說，自從實施了每天的親子閱讀活動，他們不再對子女存有內疚的心理，不再用玩具和金錢買孩子的歡心！不再用物質來彌補不能給予孩子的時間。每天半小時的親子閱讀減輕了忙碌父母的心理壓力和憂慮，使他們不再懷疑自己虧欠了孩子。親子閱讀成為父母和子女每天企盼的快樂時間，彼此鬆弛一天緊張的情緒，共讀一本好書，也共享天倫之樂。

　　我在下面提供的一些親子閱讀活動，可給父母作為參考，請千萬要記着以下幾點：

1. 親子閱讀時間貴精不貴多，若不能質量兼顧，則捨量取質。
2. 要多動腦筋，使活動更富趣味性，與孩子共享讀書樂。
3. 因應每個家庭的不同情況，靈活地調整和改善閱讀活動。最好能常常有所創新和改變。
4. 要注意孩子的個別差異，因材施教。

讓孩子擁有自己的「圖書角」

英國詩人艾莉娜・法傑恩（Eleanor Farjeon）這樣描寫她童年的家：

> 我童年的家有一個我們稱為「小書房」的房間。其實，屋子裏每個房間都可稱為書房。樓上育兒室全放滿了書，樓下父親的書房全是書。飯廳的四壁牆是書，一直泛濫至母親的起坐間和樓上的睡房去。我們的生活沒有衣服比沒有書更自然，但不讀書比不吃飯更不自然。

這就是一個書香之家和閱讀家庭的寫照。今天，我們的家居空間有限，很難比得上法傑恩童年的家。雖然書房成了奢侈品，但家裏總有放得下書架的地方。我們甚至可以廢物利用，從市場撿一些木箱或紙皮箱回家，加以裝飾和美化，放在一角給孩子作為書架，讓孩子擁有自己的小小圖書角。他們會分外珍惜自己的藏書，同時也使閱讀變得更有意義。

在一個閱讀的家庭裏，孩子和父母特別重視添購圖書。生日和聖誕節時，一家人都以書作為最受歡迎的禮物。家庭圖書館是一家人的精神寶庫，可不要忽略了它的價值和地位。

> ● 兒童也會像大人一樣喜歡珍藏自己喜愛的圖書。

利用公共圖書館

　　家庭圖書館到底資源有限，我們必須善於利用公共圖書館。什麼年齡的孩子才適合到公共圖書館去呢？一般而言，現代圖書館沒有讀者年齡的限制，但是太小的孩子也不適合帶到圖書館去。圖書館是公共場所，也有特別的規則要遵守，因此父母在第一次帶孩子到公共圖書館去時，便應事先向孩子解釋圖書館是一個怎樣的地方，說明要遵守哪些規則。最重要的是教導孩子有公德心，不要任意把書籍從書架上拿下來，撒滿地上和桌上，當然更不能隨意塗污或損毀書籍了。

　　太小的孩子不能在圖書館逗留太久，父母也不能任由他們在圖書館內四處走動和叫嚷。我的孩子在一歲以前是在家裏看和玩自己的圖書的，因為我總覺得公共圖書館的書籍對幼兒來說不夠衛生。嬰兒書是伴着嬰兒睡覺和玩耍的，他們還會把書放進嘴裏嘗嘗呢！等到孩子會走路了，我才帶他們到圖書館去，他們第一次看到那麼多書放在一起，會覺得很新鮮和好奇。我在書架上選擇一些適合孩子看的圖畫書，和他一起翻看，替他申請了借書證，給他借兩三本圖畫書帶回家，讓他知道圖書館是個可以把書借回家看的好地方。我們通常一至兩個星期到圖書館一次，圖書館成了我們一家人日常生活必到的場所，就像

到公園和超級市場一樣。

年紀幼小的孩子需要父母幫忙選書，八九歲以上的孩子父母可以讓他們自由瀏覽，自己選擇愛看的書借回家細讀，但是父母仍然要留意不要讓他們只選擇同一類的書或是太易讀的書。

今天的圖書館，資源豐富，除了圖書以外，還有各種視聽資料，例如影像光碟、錄影帶、光碟、錄音帶、唱片、電腦軟件等。父母可不要忘記和孩子一起運用這些「非書類」的資源。圖書館還有專為兒童而設的講故事時間、閱讀計劃、電影會、木偶戲、手工藝班和書展等活動，父母應該鼓勵孩子參加。

> ● 父母經常帶子女到圖書館去，可培養兒童良好的閱讀習慣。

給孩子買書

　　每個孩子都應擁有一些心愛的書籍，就像擁有心愛的玩具一樣。今天的孩子物質生活豐盛，父母給子女買好吃的食物，使他們增加身高體重；父母給子女買好看的衣服，把他們打扮得漂亮可愛；父母也給子女買新奇的玩具，供他們消遣娛樂；可是父母卻偏偏吝惜給子女買書，為什麼呢？只因為書看進腦袋裏，增加知識，美化心靈，都是肉眼一時看不出來的成效，所以父母就不認為物有所值了。很多父母只給孩子買考試指南、會考必讀、智慧測驗、各科補充練習等實用書，給孩子回家做功課。試問孩子又怎會喜歡讀書呢？

　　今天兒童書業蓬勃，不但每年出版的書種增多，而且百貨公司、超級市場、大型書店也增設了兒童部門，方便父母隨時為孩子選購圖書。我常常帶孩子逛書店，給他們一點零用錢，讓他們自由選購，看他們喜孜孜地把新書帶回家，就像我們大人買到心愛的東西一樣的高興。

　　我們常常參加小朋友的生日會，看到他們收到林林總總的玩具，總是玩一下便丟在一旁，而我們送給他們的圖書，他們總會收藏起來，常拿出來看看。一本選得恰當的好書，對孩子來說，比玩具更好玩，也更耐玩。

> ● 父母給孩子買書時，讓孩子有選書的權利。

替孩子訂閱書報雜誌

今天買書報雜誌太方便了，就是足不出戶，也可郵購，只要填張表格，寄一張支票，付一點郵費，書報雜誌便送上門來。現在一般書商和出版社的圖書目錄都附有郵購表格，甚至接受電話訂閱和網上訂閱。

父母若有訂閱報紙雜誌的，也應給子女訂閱兒童報紙和雜誌。我們家裏最少訂五份雜誌：一份是時事新聞性質的，一份是爸爸的，一份是媽媽的，一份是兒子的，一份是女兒的，各人自由選擇一份。我的弟弟還特別為兒子訂了一份《國家地理雜誌》，給他作聖誕禮物。每到月初，女兒便盼望郵差給她送來她的《小跳豆》，我們一家四口也分享各人的雜誌。

> • 以訂閱書報雜誌作為禮物送給小朋友，既益智又有意義。

《小跳豆》（新雅）

這是適合 3 至 6 歲幼兒閱讀的幼兒雜誌，內容多元化，兒童能藉此學習兩文三語，增進課外知識，擴闊視野。

帶孩子逛書展

　　香港現在除了每年七月份在香港會議展覽中心舉辦的一年一度的大型書展外，各大出版社或書局還會在各種大型商場或屋邨舉辦書展。這些大大小小不同類型的書展，總包括有兒童圖書在內。父母可以帶孩子去趁熱鬧一番，讓他們在各書攤流連，逐家翻閱琳瑯滿目的圖書。我給孩子一些錢，讓他們自己選購。較昂貴的書籍，要經我細心選擇，才為他們購買。孩子平時也會把零用錢儲蓄起來，留待購買書籍。逛書展很有點像逛年宵市場的味道，孩子在鬧哄哄的展場中翻閱圖書，自得其樂，也感染到愛書人的喜悅與光榮感。

讓孩子在書展中翻閱圖書，自得其樂。

自一九九七年開始，每年一度的香港書展還特地開設了專為兒童讀者、家長和教師而設的「兒童天地」。在這裏，孩子們不但可以看到許多他們喜歡的兒童圖書，而且還可以參加各種專為他們而設計的閱讀活動和遊戲。既可以看書，又可以玩遊戲，這是孩子們在炎熱的暑假裏一項很好的娛樂活動。

> ● 父母帶子女逛書展，是一項很好的娛樂活動。

善用電視節目

這一代的孩子語文程度越來越下降，父母和教師歸咎於電視。無可否認，電視是一個很具吸引力的傳播媒介，孩子是寧可選擇看電視而不看書的。父母可有想過和孩子一起看電視，選擇益智的節目，和孩子討論節目內容，看完電視節目立即到圖書館借有關的書回家看。

我記得當電視台播放《武則天》劇集時，兒子對唐朝的歷史很感興趣，丈夫每天晚上和他討論劇集是否符合史實，最後還談到武則天在歷史上的功過。這是利用電視節目和孩子一起看歷史書的一個好例子。

有些電視劇是讓孩子認識歷史的一個很好時機，例如《雍正王朝》可以讓孩子認識清朝歷史。家長們可以引領孩子閱讀有關的歷史書籍，並和孩子討論劇集所描寫的是否和史實相符、編劇為什麼作這樣的改動等等，從而提高孩子的欣賞水平和閱讀能力。

女兒從一歲開始看「芝麻街」兒童節目，這是美國著名的學前教育電視。她的英文啟蒙教育是從「芝麻街」開始，我給她買了字母書和簡單的概念書，她很快便學會了二十六個英文字母和簡單的英文生字。

　　如果電視播映名著改編的電影或劇集，父母不妨鼓勵孩子看完電視再看原著，這是引起閱讀動機的最好方法。

　　近年來，為了推廣閱讀風氣，電台和電視台已加插了一些與閱讀有關的節目，如書評書介、講故事、訪問作者等，父母可不要讓子女錯過這些好節目。

　　● 許多兒童寧願看電視而不看書，如果父母能善用電視節目也能啟發兒童的思考能力。

鼓勵孩子認識兒童書作者

　　大人看書，總會知道作者是誰，甚至專門看某一位作者的書。父母和小孩子看書時，也要指導他們認識作者的名字，甚至介紹作者的生平和寫作背景。其實小讀者對作者是很好奇的，父母可以鼓勵孩子和作者接觸。公共圖書館、出版社和書店會不時邀請作者和小讀者見面、安排演講或講故事。

小讀者和嚴太（第二排中）近距離接觸。

我每次和小讀者見面都很興奮，因為我很想聽聽他們的意見，知道他們喜歡些什麼和不喜歡些什麼。小朋友先是用好奇的眼光打量我，接着便問一大堆問題。最常問的問題是：「你寫作的靈感是哪裏來的？」「怎樣才可以成為一位大作家？」

鼓勵孩子和作者接觸，不但引起閱讀的興趣，而且還引起寫作的興趣。我女兒念一年級時，她的寫作功課是寫一封信給一位作者，告訴他你喜歡哪一本他寫的書，有什麼好的地方和不好的地方。一般兒童書作者都樂於和小朋友通信，建立友誼。一般出版社都會把小朋友的信轉交給作者。

● 小讀者對作者是很好奇的，父母如能鼓勵孩子和作者接觸，可以引起孩子對閱讀和寫作的興趣。

講故事和朗讀

　　任何人都會講故事，會說話便會講故事，因此，每一位父母都是天生的為小孩講故事的人。我相信沒有人不喜歡聽故事，尤其是小孩子，他們是最熱烈的聽眾。

　　講故事是培養孩子閱讀習慣的最有效方法，每晚的睡前故事，更是一天最溫馨的親子時間。

　　講故事的主要目的是引起兒童對文字的興趣，體驗閱讀的樂趣和認識豐富的民間遺產。給孩子朗讀也可達到同樣的目的，但朗讀比較適合上了小學的兒童，學前兒童比較喜歡口語化地講述故事。

　　父母也可以讓子女覆述故事或口頭創作故事，講故事可以訓練演講技巧呢。一般孩子都喜歡扮演的遊戲，父母可以嘗試和子女扮演故事中的不同角色，使閱讀更多變化和樂趣。

　　套裝圖畫書和有聲讀物很受幼兒歡迎，我的兩個孩子小時候各有一部錄音機，都是一歲時的生日禮物，我教會他們開關，用綠色貼紙表示開，紅色表示關，他們便可隨時聽故事。一部錄音機陪着孩子長大，他們聽了不少故事，也錄下了他們的讀書聲，真是最耐用和最耐玩的「玩具」。

> • 父母和子女一起朗讀及講故事，不但能訓練小孩的演講技巧，而且還能增進彼此感情。

《我會說故事》系列（新雅）

隨着科技進步，現時一些有聲讀物附有 QR Code，用手機掃描便可聆聽故事錄音。

參觀博物館

今天的博物館，不再只是「眼看手勿動」的靜態展品陳列。博物館不再只重視收藏，也肩負起教育的任務。為了鼓勵兒童參觀，某些專題展覽會還特別為兒童設有活動室，讓兒童可以把玩展品和動手做。例如沙田香港文化博物館就設有為六至十四歲兒童而設的「兒童探知館」。

父母帶子女參觀博物館，不要忘記到書店或小賣部買一本展覽特刊或與展品有關的書留為紀念，因為通常這些書是專門書籍，不是一般書店有售，而且印數有限，以後不一定買得到，況且價錢十分相宜。

> ● 父母帶子女看完展覽後，可購買相關的書籍，一來可留作紀念，二來可加深孩子參觀的印象。

參加讀書會

目前香港許多學校、圖書館、出版社或書店都設有讀書會的組織，例如新雅書迷會、小巨人讀書會、菜姨姨讀書會、綠腳丫讀書會等，特別為父母和子女而設，鼓勵父母和孩子一起閱讀。這些書會定期或不定期舉辦各種活動，如講座、書展、講故事等。父母可以和孩子一起參加，或者鼓勵孩子自己參加。這些活動讓孩子有機會和其他愛閱讀的人在一起，所謂「近朱者赤，近墨者黑」，孩子會自覺是讀書人的一分子，鞭策他更積極地閱讀。

鼓勵孩子多參加講座，有助提升孩子的閱讀興趣。

用圖書慶祝節日

　　一年十二個月，每個月選一個節日，用圖書來慶祝。例如把童話節訂在一月份，因為一月四日是童話兄弟雅各‧格林的生日，一月十二日是法國童話家貝洛的生日。父母可安排在一月份和孩子閱讀格林兄弟的《格林童話》和《貝洛童話》。

　　二月份慶祝情人節，可選讀有愛心的故事。三月清明，四月兒童節，五月母親節，六月父親節……每月和孩子定一個節日慶祝。這樣的主題閱讀，使所讀的書更有意義。

《幼兒節日叢書‧中國傳統節日》系列（新雅）
《幼兒節日叢書‧西方傳統節日》系列（新雅）
以節日做主題閱讀，孩子會覺得很有趣。

讀詩樂

　　詩是情感的語言，也是最精緻的語言，詩人艾莉娜‧法傑恩說：「詩不是玫瑰，是玫瑰的芬芳；不是海，是海的聲音。」

　　我們要培養孩子的詩情，可以在家進行「詩教」，以下是一些使孩子樂於讀詩的方法：

1. 常常給孩子朗讀兒歌和童詩。
2. 每日或每周選定一個「讀詩時間」──父母或孩子朗誦一首詩。
3. 讀詩時配上背景音樂，增加氣氛。
4. 指導孩子為詩配畫。
5. 「吃」一首詩──選一些和食物有關的詩，和孩子一起讀詩，一起吃詩裏面的食物。我曾經寫過《一個快樂的叉燒包》和《妙想天開》，孩子都很喜歡。
6. 每星期記熟一首詩。
7. 每月一詩，把詩寫在硬紙上，貼在布告板上或牆上。
8. 鼓勵孩子寫詩。
9. 做一本專題詩集，例如動物詩、食物詩、四季詩、風景詩等，孩子把詩抄錄下來，配上插圖，是一份很有意義的禮物呢。

設計有趣的讀書報告形式

　　一提起讀書報告，孩子都不願讀書了，那是因為學校的讀書報告過於公式化，太枯燥乏味了。讓我們來變些花樣，使孩子為了做報告而樂於讀書吧！

- 在家掛一幅大地圖，每讀到一個國家或一個地方，便在地圖上打個記號。日子久了，孩子可以從地圖上看到有哪些地方他從來沒有在書裏讀到過。

- 讀書報告以精簡為主，只記錄書名、作者、故事大綱、主要人物，故事在何地發生，喜歡或不喜歡書裏的某個部分。

- 家長可鼓勵孩子用圖畫做報告，把書裏面的人物畫出來，或者選擇其中一個故事情節來畫插圖。也可依據書中的插畫，作一篇短文。

- 摘錄書裏面作者最精警的話語，或者使你印象深刻的句子，抄寫下來，配以圖畫或美術裝飾，鑲在鏡框裏，掛在牆上，是最好的家庭裝飾品呢。

- 鼓勵孩子寫信給作者，把讀書後的感想告訴他。也可以寫信給書中人物，把對他的印象告訴他。

旅行、參觀前的閱讀

　　不論帶孩子到海灘、動物園、郊野公園或是到外地旅行，都可以在事前或事後和孩子一起閱讀有關的圖書。我第一次帶幼兒到海灘去之前，先和他們看一些有關海灘的圖書，讓他們了解海灘是一個怎樣的地方，要帶些什麼東西去，和在那裏適合做些什麼事情。孩子到了海灘，便不會有陌生的感覺，也不會害怕踩在沙上和浸在海水裏了。如果是到外地旅行，可以和孩子看些遊記類的書籍，同時不要忘記教孩子學會看地圖。

《我的旅遊手冊》（新雅）

這是專為孩子而編寫的旅遊隨身手冊，讓孩子通過有趣的多元遊戲，認識不同旅遊地點的著名地標、景點、文化等。

以書為主題布置家居

　　我喜歡以書為主題布置家居，牆上掛了《大雨嘩啦啦》的插畫，還有《野獸國》（*Where the Wild Things Are*）的海報。兩個孩子的牀單和枕頭套是童話人物，他們小時候用的餐具是《彼得兔兔》。我們的掛曆是每月一幅兒童書插畫，餅乾罐印有丹麥童話大師的《醜小鴨》（*The Ugly Duckling*）插畫。孩子的房間堆滿了兒童書裏面的人物布娃娃和毛絨動物。

趣緻的手工藝

　　每個孩子都喜歡動手做一點小勞作和畫圖畫，以下是一些手工藝活動，父母可以幫助孩子一起做，讓孩子覺得閱讀並非「死讀書」。

（一）手繪賀卡——孩子把看過的一本書、一個小故事或一首小詩畫一幅插畫，附上書名和作者。

（二）拼圖——把雜誌圖片、海報或書套貼在硬紙上，剪成若干塊，做成拼圖玩具。

（四）藏書票——孩子設計一張藏書票，貼在家庭圖書館收藏的書裏面。

（五）書簽設計。

（六）封面設計。

（七）設計一本書，例如幼兒字母書、識字書、動物書、數數書——請哥哥和姐姐為弟弟或妹妹做一本幼兒書。

例如用幼兒的照片做一本字母書：

A for Aunt（貼一張姨姨或姑姑的照片）

B for Baby（幼兒的嬰兒照片）

C for Cake（生日蛋糕）

D for Dog（家裏養的小狗）

E for Eat（幼兒在吃東西）

F for Friend（鄰家小朋友）

⋯⋯

以上是我想到的一些有趣親子閱讀活動，請把你想到的一些更好的妙策也寫下來。

親子閱讀十大妙策

① 閱讀由零歲開始。

② 父母以身作則。

③ 為孩子製造一個書的環境。

④ 指導孩子如何選擇圖書。

⑤ 把圖書當作禮物。

⑥ 給子女朗讀及講故事。

⑦ 帶子女到圖書館去借書。

⑧ 帶子女逛書店及買書。

⑨ 給子女訂閱期刊，讓他們按時收到心愛的讀物。

⑩ 從閱讀中培養子女的 4C 能力。

兒童圖書精選

【新雅幼兒識字卡】 （共 4 冊）

《動物‧人體‧家庭》；《水果‧食物‧衣服》；《生活用品‧家居‧行為動作》；

《玩具‧顏色‧形狀‧數字》

每盒共 40 張識字卡。內容由淺至深，全以幼兒經常接觸和喜愛的東西為主題，啟發幼兒多元智能。

【積木拼拼書】 （共 2 冊）

《日常生活》；《顏色和形狀》

本套書包含 12 本小書。透過小書，小朋友可以學習到不同的顏色和形狀，以及相關事物的中英文名稱。

【親子共讀故事】 （共 4 冊）

作者：嚴吳嬋霞

《三隻小豬》；《三隻小蝴蝶》；

《小紅雞》；《小紅帽》

這是一套特別為家長給幼兒講故事、教認字而設計的童話故事書，具有與眾不同的特色：左右頁長短對照的文字，專為親子共讀而設計；精簡的文字，重複的句子，幼兒易讀易記；生動而富童趣的圖畫，帶給幼兒美的享受。

【寶寶洗澡書】（共 3 冊）（臺灣麥克）

《形狀》、《顏色》、《數字》

防水設計的洗澡書，可當寶寶洗澡時的好玩伴。寶寶可以邊玩邊認知，學習顏色、形狀以及數字的概念。

《寶寶觸摸認知布書·農場動物》（風車圖書）

不同材質的布料，讓寶寶透過觸摸增加觸覺的辨別能力，配合生活化題材，讓孩子輕鬆認識大世界。

【顛倒看世界】（共 2 冊）（小魯）

作者：MARUTAN

《我是誰？》；《我是什麼？》

書裏面的每一頁都可以顛倒過來看，從不同的方向看，就是兩幅完全同的圖畫，讓孩子在猜與驚喜之中，看見世界的無限可能。

《快樂學英文手指謠》（世一文化）

本書收錄 16 首英文童謠，每首歌都附有趣味遊戲，讓孩子在邊唱邊玩的過程中，訓練手指的小肌肉發展及操控能力。

【新雅・繪本館】：
《香港百年變變變》

作者：劉斯傑

第一本以維港兩岸海岸線的變化來反映香港歷史的變遷，內容涵蓋歷史、人文、地理、經濟、民生等。10個增擴實境（AR）和 10 幅全景圖，具體展示維港兩岸的百年變化。

【新雅・繪本館】：
《漢堡包和叉燒包》

作者：阿濃

午餐時間，爺爺想和孫兒小強去飲茶吃叉燒包，但小強想吃漢堡包，於是二人決定分道揚鑣⋯⋯這是一個祖孫二代諒解互愛、中西文化碰撞共融的溫情故事，啟發小讀者學會關心和敬愛長輩。

【新雅・繪本館】：
《一隻減肥的豬》

作者：嚴吳嬋霞

豬的天職就是吃得肥肥的造福人類，可是有一隻名叫「博士」的豬卻不這樣想，於是他拼命地減肥啦！
但是，後來他又不減肥了，這到底是怎麼一回事呢？

【新雅·繪本館】：
《小雪兔的聖誕禮物》

作者：Nosy Crow

小雪兔平日最愛與朋友一起玩，而且主意多多，所以朋友都很喜歡她。可是，聖誕節前一天，小雪兔卻獨自一個抱着一包東西回家去。小雪兔和朋友們發生了什麼事呢？

【新雅·繪本館】：《野孩子》

作者：艾米莉·休斯

她是森林中的孩子，她的生活原始簡樸，卻充滿了歡笑⋯⋯ 可是人類硬要馴服野孩子——他們給她衣服鞋襪，書本玩具，美味食物。她的生活物質足，卻充滿了憤怒⋯⋯

【新雅·繪本館】：《小園丁》

作者：艾米莉·休斯

從前有一個小園丁，他有一個花園。這個花園是他的一切，所以他努力地工作，非常努力地工作。只是他太細小了，好像幹不了什麼。一天晚上，他向天空祈求，他希望⋯⋯

【沒想到幼兒創意圖畫書】

（共四套各 5 冊）

作者：鞏孺萍、蕭袤等

《自然認知系列》；《動物認知系列》；

《心靈成長系列》；《環境保育系列》

本系列是根據幼兒心智特徵而創作的創意圖畫書系列，獨具一格的講故事方式，讓孩子在閱讀中學習各種知識，啟迪創意。

【我會說故事系列】（共 2 套各 4 冊）

《神氣的小公雞》；《螞蟻和蟋蟀》；

《好心腸的鴿子》；《驕傲的兔子》；

《兔子的長耳朵》；《狼來了》；

《獅子和老鼠》；《聰明的小烏鴉》

本系列精選家喻戶曉的著名童話，讓孩子看圖畫，說故事，學字詞。書中配有漢語拼音，並附有粵語和普通話朗讀錄音二維碼 (QR Code)。

【小閱讀大理解系列】（共 2 冊）

《愛漂亮的小兔》（馬翠蘿）

《兩個好朋友》（甄艷慈）

本系列特別為幼稚園至剛升上小學的孩子而編寫，通過簡短有趣，並富教育意義的小故事，輔以思考題，引導孩子掌握理解故事內容的技巧，並同時強化他們的閱讀能力。

【識安全有禮貌叢書】（共4冊）
《我會搭港鐵》；《我會搭巴士》；
《我會搭渡輪》；《我會搭飛機》。

每冊模擬乘搭一種交通工具的旅程，讓小朋友在過程中，透過多元化的活動形式，培養他們交通安全意識及成大交通工具的禮貌。

【幼兒自理故事叢書】（共8冊）；
【幼兒情緒故事叢書】（共8冊）；
【幼兒心理故事叢書】（共8冊）；
【幼兒德育故事叢書】（共8冊）；
【幼兒禮貌故事叢書】（共8冊）；
【幼兒好習慣叢書】（共8冊）；
【幼兒好行為叢書】（共8冊）；
【幼兒生活安全故事叢書】（共8冊）

此系列通過貼近幼兒生活的圖畫故事，教導幼兒在日常生活中學會自理、處理情緒、待人接物等，培養好品德、好習慣、好行為。

【幼兒節日叢書】：
中國傳統節日（共4冊）；
西方節日（共4冊）

本叢書以幼兒易於理解的文字，配以精美插圖及實物照片，介紹節日的由來、習俗、慶祝活動等，讓幼兒認識中國和西方節日的習俗文化和基本知識。

【好奇水先生】（共 2 輯各 4 冊）

作者：Agostino Traini

《水先生的奇幻旅程》；《空氣小姐生氣了》；
《穿睡衣的太陽先生》；《樹先生成長記》；
《四季團團轉》；《感官真奇妙》；
《美妙色彩變變變》；《火山醒來了》

本系列是一套融合趣味故事、科普常識及有趣小實驗的科普學習圖書。書中的主角水先生遍布世界每個角落，跟着他到處去，你將發現一個又一個自然界的秘密！

【我的旅遊手冊】（共 4 冊）

《巴黎》；《北京》；《曼谷》；《東京》

每冊以不同的國際大城市為主題，讓孩子通過有趣的多元遊戲，認識不同旅遊地點的著名地標、景點、文化和特色美食等，擴闊孩子的眼界。

【小小夢想家貼紙遊戲書】（共 8 冊）

《醫生》；《飛機師》；《廚師》；《消防員》；
《教師》；《警察》；《太空人》；
《時裝設計師》

每冊以不同職業作主題，通過寫寫貼貼的小遊戲，讓孩子體驗職業工作，並訓練邏輯思維與動手能力。孩子從小立下志向，向夢想飛翔！

【新雅‧繪本館】：《姓鄧的樹》

作者：嚴吳嬋霞

故事講述香港錦田有棵「姓鄧的樹」，面對着地產商對祖屋的破壞，它決心緊緊地守護著家園。作者希望透過童話，讓小朋友認識香港的歷史、關注本土文化的保存，以及保護環境等信息。

【鬥嘴一班】（已出版 8 冊）

作者：卓瑩
《#1 插班新同學》；《#2 男女生大決戰》；
《#3 憤怒鳥老師》；《#4 玩轉訓練營》；
《#5 最強爸爸》；《#6 給牠一個家》；
《#7 綠色小天使》；《#8 虎媽？苦媽？》

這是專為小學低、中年級學生度身設計的橋樑書，作者運用輕鬆的手法寫出一班小學生所發生的校園趣事，貼切地表達孩子的真實情感。

【魔法小怪】（已出版 1 冊）

作者：關景峰
《#1 尾巴劫匪》

怪物城有一所特別小學，這裏的學生將會學習到各種魔法。鬼主意多多的邁爾斯、貪吃的托托、頭腦聰明的尼克等等都是怪物 C 班的學生。他們的校園生活會發生什麼趣事？

【新雅兒童成長故事集】
（已出版 8 冊）

作者：孫慧玲、黃虹堅、韋婭、周蜜蜜、陳華英、東瑞、宋詒瑞等

《口水王子的魔法咒語》；《講不完的故事》；《誰是我的守護神》；《這個聖誕真特別》；《單車王子怎麼啦？》；《問題爸爸 vs 問題兒童》；《老爸的神秘地下室》；《我要回家》

這是一套陪伴兒童成長的校園生活故事集，描寫了兒童成長過程中的歡樂、苦惱和各種困惑。通過這些日常生活故事，教導小朋友建構積極的人生觀，從而度過快樂健康的童年。

【認識香港系列】：
《香港傳統習俗》（共 2 冊）

作者：鄧子健

香港是我家，香港著名的傳統習俗，你認識的有多少呢？你知道嗎，當中有的還被列入國家級非物質文化遺產名錄啊！請你快點翻開本書看看吧！

《兒童尺牘及禮儀書》

本書以趣味故事串連，輕鬆帶出人物稱謂、禮貌用語及正確撰寫書信和卡片三大學習內容。培養孩子從小重視人倫禮儀，懂得分尊卑，並建立待人接物的良好態度。

【趣味識字・組詞漢語拼音故事】
（共 4 冊）

作者：宋詒瑞

《#1 小猴學雜技》；《#2 白兔請客》；
《#3 好心的河馬》；《#4 國王出巡》

本系列依據教育局頒發的香港學生「小學學習字詞表」選出超過 1200 個常用字詞，配以以字帶詞語的方式，讓學生快速而大量地學習新詞彙，是可以邊聽錄音邊跟著朗讀的趣味普通話學習教材。

【趣味漢語拼音故事】（共 4 冊）

作者：宋詒瑞

《#1 鴨子警察查案》；《#2 兔媽媽種蘋果》；
《#3 猴子娶親》；《#4 小熊過生日》

本系列以一個音節編寫一個故事，同時將該音節不同聲調的常用字巧妙編入故事，讓孩子短時間內懂得不同漢字的含義和用法。隨書附送普通話朗讀 CD。

《中國傳統節日故事》

作者：魏亞西等

中國文化源遠流長，一年中的不同節日，各自有特別的意義。此書通過繪本和文字，向小朋友介紹這些節日的來源和傳統習俗。

【繪本中華故事】：
《民間傳說系列》（共 4 冊）
《神仙傳說系列》（共 4 冊）
《神話傳說系列》（共 6 冊）
《名人名聖系列》（共 8 冊）
本系列以生動傳神、簡潔淺白的文字去
演繹中國民間傳說、神話、神仙和名人
的故事，結合風格各異、富有特色的圖
畫，加深讀者對中國傳統文化的認識。

【小朋友一定要讀的 · 中國寓言系
列】（共 2 冊）
作者：王玉、魏西亞、葉蕾
《老馬識途》；《畫龍點睛》
本叢書每冊精選十個耳熟能詳的寓言故
事，圖文並茂，啟迪小朋友的智慧。每
個故事後設置「寓言一點通」欄目，介
紹寓言的出處和含義。

【小眼睛看太空系列】（共 4 冊）
作者：Nuria Roca, Carolina Isern
《太空》；《太陽》；《地球》；《月球》
本系列是一套專為兒童而設的科普書，
透過精美的插圖和簡潔的文字，深入淺
出，向小讀者介紹有趣的太空知識。

【奇鼠歷險記】（已出版 8 冊）

作者：謝利連摩·史提頓

《#1 漫遊夢想國》；《#2 追尋幸福之旅》；
《#3 尋找失蹤的皇后》；《#4 龍族的騎士》；
《#5 仙女歌雅不見了》；《#6 深海水晶騎士》；《#7 追尋夢想國珍寶》；《#8 女巫的時間魔咒》等

這是一套獨有多種香味的歷險探索圖書！伴着各種香味閱讀會有什麼特別的感受呢？現在就和謝利連摩·史提頓一起進入一個奇幻的世界吧！

【俏鼠菲姊妹】（已出版 7 冊）

作者：菲·史提頓

《#6 紐約連環縱火案之謎》；
《#7 隱形的冰川寶藏》等

這是一套冒險探秘書，記述了俏鼠菲姊妹在世界各地的偵探和冒險經歷。每本書配合故事內文均有介紹相關的國家地理和文化知識，以拓寬孩子的知識面。

【老鼠記者】（已出版 81 冊）

作者：謝利連摩·史提頓

《#78 吝嗇鼠的城堡酒店》；《#79 探險鼠獨闖巴西》；《#80 度假鼠的旅行日記》；
《#81 尋找「紅鷹」之旅》等

這套叢書從老鼠的角度描繪世間百態，故事幽默惹笑、驚險詭秘、而且充滿動感。排版設計極具創意，屢獲多項國際殊榮，全球銷量突破 7400 萬冊！

【兒童文學名家精選】

（共 2 輯各 10 冊）

第一輯：

《漢堡包和叉燒包》（阿濃）；《誰是麻煩鬼》（嚴吳嬋霞）；《尖沙咀海旁的聚會》（何紫）；《動物園的秘密》（劉惠瓊）；《養一個小颱風》（何巧嬋）；《小強和四方形西瓜》（東瑞）；《聰明狗和百變貓》（黃慶雲）；《宿營萬歲》（宋詒瑞）；《重複的十五號》（馬翠蘿）；《兒童院的孩子》（周蜜蜜）

第二輯：

《火星人的樂土》（陳華英）；《兩個噴泉》（潘金英）；《時間偵探》（潘明珠）；《周Sir 的鬍子》（君比）；《鼻尖上的小飛蟲》（韋婭）；《反斗三星》（劉素儀）；《馬老師點兵》（胡燕青）；《小羊豐三》（金力明）；《零點五分》（黃虹堅）；《我愛光頭仔》（孫慧玲）

本叢書精選香港 20 位著名兒童文學作家的重要作品，是首次大規模而系統地為香港兒童文學名家的作品結集。體材包括：童話、童詩、生活故事、兒童小說、科幻故事、幻想小說、散文等。展示 20 世界 50 年代至 21 世紀初香港兒童的精神面貌和社會風貌，內容積極健康，是小學生求知求真的成長道路上不可不讀的精品，也為香港兒童文學研究留下珍貴資料。

《點心集》

作者：阿濃

此乃阿濃的成名作，八十年代長時間高踞暢銷書榜。現將三集《點心》合而為一，作為經典重溫，讓新一代讀者能擁有上一代甚至上兩代的共同回憶。

《何紫兒童小說精選集》

作者：何紫

本書從何紫作品中精選 40 個故事，全面展示何紫作品所包含的豐富內容，讓讀者領略到何紫對少年兒童的關愛和期望，以及了解和認識當時的香港社會風情。

【中國古代四大美人的傳說·漢語拼音版】（共 4 冊）

作者：宋詒瑞
《沉魚·西施的故事》；
《落雁·王昭君的故事》；
《閉月·貂蟬的故事》；
《羞花·楊貴妃的故事》

此叢書集正史和野史，再利用文學手法敍述這四大美人的傳奇故事。希望小讀者能深入了解她們的心靈和精神面貌，知道什麼才是真正的「美」，知道應該去追求什麼樣的「美」。

【公主傳奇系列】（已出版 17 冊）

作者：馬翠蘿

《#15 公主駕到》；《#16 超時空天使》；
《#17 失蹤的校花》等

本系列滿足了女孩子們對於公主的憧憬，
向大家介紹了一個現代的、發生在我們
身邊的公主傳奇故事，並融入了很多新
的創作元素，展示了天行空的想像，給
人耳目一新的感覺。

【新雅·名著館】（已出版 6 冊）

作者：莎士比亞、安東尼·聖修伯里、
　　　蒲松齡等

《莎士比亞故事》；《小王子》；《聊齋》；
《湯姆歷險記》；《一千零一夜》；
《長腿叔叔》

本系列是專為兒童而設的世界名著縮寫
本，在保留原著精髓的同時，篇幅也符
合小讀者的閱讀程度，有助提升兒童的
語文能力，並增進他們的知識。

【新雅·名人館】（已出版 6 冊）

作者：宋詒瑞、甄艷慈、饒遠等

《國父——孫中山》；《萬世師表——孔子》；
《發明大王——愛迪生》；《詩仙——李白》；
《相對論之父——愛因斯坦》；《蘋果之
父——喬布斯》

通過閱讀各國名人的故事，小讀者可以
了解名人的性格和精神面貌，學習他們
成功的秘訣，對兒童未來的人生有啟迪
作用。

【四大名著·漢語拼音版】（共4冊）

《三國演義》（羅貫中）；《西遊記》（吳承恩）
《水滸傳》（施耐庵）；《紅樓夢》（曹雪芹）

在保留原著精華的基礎上，用通俗簡潔的語言重新編寫。全書附漢語拼音，兼顧並鞏固孩子的普通話學習。

【魔幻偵探所】（已出版 27 冊）

作者：關景峰

《#24 激戰百魔山》；《#25 萬聖節謀殺案》；
《#26 魔鬼來電》；《#27 死亡巴士》等

這是一套融入魔法奇幻色彩的新穎偵探小說，當中盡是錯綜複雜的案件、精心安排的陷阱、充滿挑戰的偵探推理，你將會投入到緊張刺激的偵破行動中。

《黃慶雲兒童文學作品精選》

作者：黃慶雲

本書從黃慶雲作品中精選 36 個故事。黃慶雲的童話蘊含生活哲理和知識性；「小說故事篇」則善於選取小朋友的生活趣事入文，引起小朋友極大的共鳴。

《足以自豪》

作者：楊小芳

如果你沒有了雙臂，可以做什麼？當你以為除了走路，其他什麼都做不了的時候，小芳已經用剩下來的雙腳，做了比一般人更多、更感動和更有意義的事情。

【特警部隊系列】（共 6 冊）

作者：孫慧玲

《走進人間道》；《伙記出更》；
《搜爆三犬子》；《緝毒猛犬》；
《少女的「秘密」》；《男孩的第一滴淚》

此系列以「犬眼看世界」，從警犬 Nona 的視角出發，透過記述她日常與其他警犬相處的片段，以及緊張刺激的執勤經歷，描寫大都市的人生百態。

【世界之謎科幻小說系列】（共 4 冊）

作者：楊鵬

《#1 勇闖百慕達》；《#2 激戰木乃伊》；
《#3 拯救尼斯湖怪》；《#4 保衛亞特蘭蒂斯》

本系列以世界四大不解之謎為題材，通過「校園三劍客」的冒險故事，向讀者展現出一個充滿無窮想象力的世界，並豐富讀者的知識面。

【飛躍青春系列】（已出版 87 冊）

由香港 18 位兒童文學作家執筆，以青少年學生為故事主角，以校園生活為主要的故事場景，生動、深入地描寫了青少年成長過程中的各種困惑和甜酸苦辣。

【君比‧閱讀廊‧成長路上系列】

（已出版 3 冊）

作者：君比

《#1 我們都是資優生》；《#2 真正的幸福》；
《#3 感謝爸媽沒有放棄我》

本系列是君比通過採訪生活中真實的人
和事而創作的勵志小説，它不但反映了
時下少年兒童的真實心聲，而且故事主
角的經歷，也給了少年兒童人生的啟迪，
同時也令成人認識他們真實的自我。

【君比‧閱讀廊‧漫畫少女偵探系列】

（已出版 1 冊）

作者：君比

《#1 漫畫裏隱藏的秘密》

現年才十三歲的少女張小柔，相貌竟然
跟幾十年前的一套漫畫——《少女偵探
藍天》的女主角長得一模一樣！更離奇
的是，張小柔身邊發生的一宗兇殺案，
案情也跟漫畫裏的情節雷同！究竟，漫
畫裏隱藏了什麼驚天的秘密？

【YA】（已出版 2 冊）

《月亮下的奔跑（上）（下）》（黃虹堅）

Y：表示 young，代表年輕，活力；A：
是 adults 的縮寫，代表走向成熟。YA 系
列為青少年提供題材廣泛、內容多元的
文學作品，讓他們在深度閱讀的過程中
體驗人生智慧。

【勇救魔法國】 （已出版 1 冊）

作者：安佳麗·米塔爾

《肯尼亞神奇之旅》

這是一個結合魔法、冒險、友情的小說系列。故事講述一個白人男孩和他的非洲朋友如何運用他們的機智、仁慈和愛心，合力幫助魔法國的公主拯救她的國家。

【夢想成真系列】 （已出版 21 冊）

作者：麥曉帆、關麗珊、利倚恩、車人等

《雲上的舞蹈》；《給未來的約誓》；
《茶餐廳裏的相遇》等

通過曲折感人的故事，帶出青少年在成長中，有關愛情、親情、友情等等不同的體驗，並鼓勵他們積極去面對，為實現自己的夢想而努力。

【經典書房系列】 （已出版 1 冊）

《十三歲的深秋》 （黃虹堅）

本系列精選曾經獲獎，或曾經感動幾代讀者，或曾在讀者中引起熱烈回響的作品，讓舊讀者重溫當年曾經觸動自己心靈的情節，讓新讀者認識及領略經典歷久不衰的魅力。

嚴吳嬋霞主要的兒童文學作品

出版時間	書名	出版機構
1984	瘦日子變肥日子	新雅文化事業有限公司
1986	姓鄧的樹	上海《兒童時代》
1987	大雨嘩啦啦	新雅文化事業有限公司
1988	十一枝康乃馨	上海《兒童時代》
1990	小移民手記	新雅文化事業有限公司
1991	會哭的鱷魚	新雅文化事業有限公司
1992	第一次見太陽	獲益出版事業有限公司
1992	誰是麻煩鬼	獲益出版事業有限公司
1992	自私的巨人	台灣聯經出版事業公司
1992	滅龍救國	台灣聯經出版事業公司
1992	迪士尼開心故事集（十冊）	新雅文化事業有限公司
1993	恐龍常識小博士	新雅文化事業有限公司
1993	香港掌故趣聞小博士	新雅文化事業有限公司
1993	流行名牌小博士	新雅文化事業有限公司
1993	未來產品小博士	新雅文化事業有限公司
1993	迷你童話	獲益出版事業有限公司
1994	迷你鬼話	獲益出版事業有限公司
1995	迷你怪話	獲益出版事業有限公司
1996	青春族開心貼士	山邊出版社有限公司
1998	失蹤的媽媽	遼寧少年兒童出版社 真文化出版公司
1999	一隻減肥的豬	新雅文化事業有限公司
2000	十三號快樂教室	新雅文化事業有限公司

2000-2001	親子共讀故事系列（6 冊）	新雅文化事業有限公司
2001	奇異的種子（繪本版）	新雅文化事業有限公司
2001	唸兒歌，學語文（第一、二輯）	新雅文化事業有限公司
2002	一個快樂的叉燒包	新雅文化事業有限公司
2002	唸兒歌，學語文（第三、四輯）	新雅文化事業有限公司
2011	小動物大行動	香港特別行政區立法會
2011	*Good Friends Great Acts*	Legislative Council of the Hong Kong SAR
2014	輝輝兔好習慣系列（6 冊）	小樹苗教育出版社有限公司
2015	親子共讀故事系列（再版，4 冊）	新雅文化事業有限公司
2015	新雅·繪本館：姓鄧的樹	新雅文化事業有限公司
2015	新雅·繪本館：一隻減肥的豬	新雅文化事業有限公司

獲獎作品：

- 《姓鄧的樹》：榮獲 1986 年陳伯吹「兒童文學園丁獎」之「優秀作品」獎、2015 年「冰心兒童圖書獎」。
- 《會哭的鱷魚》：榮獲 1992 年「冰心兒童圖書獎」。
- 《大雨嘩啦啦》：榮獲 2001 年教育委員會推薦讀物、香港八十年代最佳兒童故事獎，獲選 2002 年最受學生歡迎初小組十本好書。
- 《一隻減肥的豬》：榮獲 2001 年「冰心兒童圖書獎」。
- 《十三號快樂教室》：獲選 2002 年最受學生歡迎初小組十本好書。
- 《奇異的種子》：榮獲香港八十年代最佳兒童故事獎、2002 年「冰心兒童圖書獎」，獲選 2002 年最受學生歡迎初小組十本好書。
- 《親子共讀故事系列》（6 冊）：榮獲 2002 年「冰心兒童圖書獎」。